逆转
案例集
峰回路转

广东金桥百信律师事务所◎编著

中国法制出版社
CHINA LEGAL PUBLISHING HOUSE

出版说明

《金桥法律文库丛书》是广东金桥百信律师事务所建所以来出版的第一部大型法律丛书，是凝聚了数百名金桥百信家人们智慧与经验的结晶，是家人们在繁重工作之余抽出宝贵时间通过认真思考和梳理所撰写的力作。为此，本所进行了精心组织、动员、分工和编辑工作。该文库在内容上，囊括了刑事、民商、经济、行政、劳动等不同的法律实务领域，在形式上则以案例为主，通过律师所承办的活生生的案例去解读、诠释法律的精神与实质。同时，也将专家意见书、杂文及议论文等收入其中，力求全方位地展现金桥家人在建立我国理想法治社会的前进路上的点点滴滴。也许，从一个法律学者的角度看，这套丛书在某些方面可能还有待完善，但是，它是一段历史的记载，是一段从无到有的过程，故此，不能苛求它完美。

我们希望，通过这套丛书达成几个目的：其一是展示金桥家人多年努力拼搏累积下来的理论探索与丰硕实践成果；其二是让读者认识和了解金桥人的专业水平、奋发向上的风貌和求真务实的工作态度；其三是为大众提供研习法律的精神食粮，引导他们为解决法律纠纷找到可供借鉴的参考依据；其四是为法学理论研究者提供实务素材，整合判例学说、完善理论体系，寻求解决之道。

歌德曾言："理论是灰色的，生命之树常青。"对理想法治社会的探寻是永无止境的，这套丛书仅仅是开始。我们将从工作中吸取新的养料，一往无前、毫不畏惧地继续我们未竟的事业，不断奉献出新的成果。如果能得到社会的认可，将是我们最大的心愿。

在此，感谢每一位为本丛书辛勤付出的作者和工作人员，感谢中国法制出版社对本书的出版所作出的努力！

李伯侨

2023 年 9 月于广州

序 言

一个所，一群人，在中国法律的丛林中，默默摸索前行。金桥所1995年创立，从十几个律师和人员启程，到2015年改制，厚积薄发，迅猛发展，截至2022年，总分所律师及人员已近千人，风云际会，经历了法治的变迁，集腋成裘，积累了丰富的经验，著书立说，正当其时。

反观中国律师界，不乏办案大能。但归隐之后，往日辉煌，一朝消散，江湖不再有他（她）的传说，只因为没留痕迹，雁过留声，人过留名，名不见经传。在信息极度丰富的今天，他人对你的记忆，或许如鱼，只有七秒，古人云千年的文字会说话，故，青史要留名，诗书可传家。

金桥百信，已跻身亚洲五十强律所行列，扎根于粤港澳大湾区，定位是中国南部高实力头部所。所以，要彰显实力，除了办案有神，口碑塑金，还能法治有功，著作等身。上述几点，犹如巍峨建筑，四梁八柱，不可或缺，金桥百信法律文库，是其中一根主梁，犹如建筑中国法治哨卡，负重前行，任重道远也。

每一位金桥百信律师，办案之余，沉下心来，总结经验，提出建议，修缮法度，助力法治，于己于所于国，善莫大焉。

古人云"九层之台起于垒土，千里之行始于足下"，现金桥百信律师，建筑金桥百信文库，则从一案一文始。

是为序。

陈永忠

2023 年 8 月于广州

分 序

在专业和职业的角度上讲，律师办案的结果是很难以输赢来评价。但在约定俗成的表述上，似乎又没有比输赢这两个字更直截了当的词。如果律师办案像竞技体育一样有输赢之分，那么律师办案可能和竞技体育一样也充满张力和戏剧性。

律师办案，可以说每个案件都是一个故事，案情各有各的不同，胜利各有各的精彩——有兵不血刃地取胜、有顺顺利利地取胜、有艰难地取胜、有再接再厉地取胜……但最富有戏剧性的也是最精彩的，莫过于反败为胜！

反败为胜不仅体现了经办律师有扎实的功底和深刻的见地，也体现了律师百折不挠的韧性和毅力，还有力挽狂澜的决心和行动力。这类案例在律师的职业生涯中是凤毛麟角，可以说是律师的得意之作，所幸本所规模较大、执业律师较多，就算从概率上讲每年总可以有一些案子成功逆转。

本所管理部门很用心地征集了近年来的逆转案例，并尝试通过微信公众号发表，获得了较大的阅读量和热烈的反响。为飨读者，本所对征集的逆转案例进一步进行甄选，并编辑成册，将这些精彩案例呈现给大家。

乔长龄

2023 年 11 月于广州

目　录

民事法律篇

刑事法律篇

行政法律篇

民事法律篇

谭某诉邱某、SM公司物权保护纠纷二审案

——辨析"买卖不破租赁"之例外情形

撰稿人：李丽莉①

一 基本案情

（一）当事人和代理人基本情况

上诉人（原审原告）：谭某

委托代理人：李丽莉，广东金桥百信律师事务所律师

夏雪婧，广东金桥百信律师事务所律师

被上诉人一（原审被告）：邱某

被上诉人二（原审被告）：SM公司

（二）案件基本情况

当事人谭某通过司法拍卖竞得广州市某大厦3间房屋的所有权，上述房屋的原所有权人叶某曾将房屋出租给邱某，邱某又将其中的1间转租给SM公司。谭某认为，叶某与邱某、某咨询公司之间签订的租赁合同对其没有约束力，且租赁合同中约定的租金

---

① 广东金桥百信律师事务所合伙人。

显著低于市场租金标准，遂诉至法院，要求邱某及咨询公司腾退并交还案涉房屋、按市场租金标准支付房屋占用费。一审法院认为，司法拍卖《竞买公告》中已明确该标的物存在长期租赁关系，且法院不负责清场交付。据此，认定应视为谭某默认并接受该房屋上的租赁关系，遂驳回谭某全部诉讼请求。

为方便叙述案情，特做案情发展时间轴如下：

2013年11月28日，案涉房屋原产权人叶某与GF银行签订了《最高额抵押合同》。

2013年12月2日，叶某将某大厦807—813房屋抵押给GF银行并办妥抵押登记手续。

2014年11月30日，案涉房屋原产权人叶某与邱某分别签订了三份《租赁合同》，约定出租房产分别为811房屋、812房屋、813房间；月租金分别为4698元、4506元、3376元；租赁期限均为2014年12月1日起至2029年11月30日止。后，邱某于2018年8月20日与周某签订《房屋租赁合同》，约定邱某将813房屋出租给周某作办公使用，租赁期限自2018年8月20日起至2024年8月19日止。

2019年2月21日，某某市中级人民法院发出《竞买公告》，对807—813房屋共7套房产作为一个整体进行拍卖。特别提醒：此次拍卖标的物当前有人占用，公告期间有案外人提交租赁合同，故此次拍卖按现状拍卖，法院不负责交付场地；竞买人务必在拍卖前仔细审查拍卖标的物，调查标的物是否存在瑕疵，认真研究其现实状况，并亲临展示现场，请竞买人慎重决定竞买行为，竞买人一旦作出竞买决定，即表明已完全了解，并接受标的物的现状和一切已知及未知的瑕疵等。

2019年3月31日，谭某在某某市中级人民法院开展的上述房产项目公开竞价中，以最高价获拍807—813房屋房产权。

2019年4月11日，某某市中级人民法院作出（2019）粤××执恢××××号执行裁定，裁定将807—813房屋房过户给谭某。

2019年5月22日，市国土资源和规划委员会核发《不动产权证书》，显示811房屋、812房屋、813房屋的权利人均为谭某。

2019年6月13日，谭某向一审法院提起诉讼，要求邱某、SM公司搬离并返还811房屋、812房屋、813房屋，并向其支付房屋占用费。

2019年10月22日，一审法院作出民事判决，认为司法拍卖《竞买公告》中已明确该标的物存在长期租赁关系，且法院不负责清场交付。据此，应视为谭某默认并接受该房屋上的租赁关系，判决驳回谭某全部诉讼请求。

（三）争议焦点

邱某、SM公司对于案涉房屋享有的租赁权，能否对抗谭某对案涉房屋享有的物权。

二 代理意见

谭某的诉讼代理人认为：（一）案涉房产抵押在前，租赁在后，邱某、SM公司作为承租人依法不得对抗买受人。原房屋所有权人于 2013 年 12 月 2 日将案涉房屋抵押给 GF 银行某分行用于担保借款，并办理抵押登记，邱某、SM 公司在此后通过签署租赁合同取得案涉房屋的租赁权。根据《物权法》① 第一百九十条及《最高人民法院关于适用〈中华人民共和国担保法〉若干问题的解释》第六十六条规定，相关租赁合同对谭某不具有约束力。（二）《竞买公告》虽明示案涉房屋存在租赁合同，但不应以此推定竞买人愿意接受原租赁合同。竞买人通过房屋抵押权及租赁权产生的时间先后，可知其竞得房屋后依法不受原租赁合同的约束。《竞买公告》载明的标的物按现状拍卖，指的是标的物的物理现状，即外观、结构、装修等，由此不能认定竞买人必须接受原租赁合同约束。《竞买公告》载明的标的物后续出现任何占有、使用等法律问题，由买受人自行解决，由此表明买受人取得房屋权属后，依法行使占有、使用等权利，因此，因本案租赁合同在房屋抵押权设立后签署，谭某不受相关租赁合同约束。（三）因谭某不受房屋租赁合同约束，邱某、SM 公司应按照《广州市房屋租赁参考价》向谭某支付房屋占用费。邱某、SM 公司应支付占用费至其实际腾空搬离案涉房屋之日。

三 审判结果及理由

某某市中级人民法院认为，本案是物权保护纠纷。本案二审

---

① 本书适用的法律法规等条文均为案件裁判当时有效，下文不再对此进行提示。

当事人对争议焦点为：邱某、SM公司对于案涉房屋享有的租赁权，能否对抗谭某对案涉房屋享有的物权。

最高人民法院《关于审理城镇房屋租赁合同纠纷案件具体应用法律若干问题的解释》第二十条规定："租赁房屋在租赁期间发生所有权变动，承租人请求房屋受让人继续履行原租赁合同的，人民法院应予支持。但租赁房屋具有下列情形或者当事人另有约定的除外：（一）房屋在出租前已设立抵押权，因抵押权人实现抵押权发生所有权变动的；（二）房屋在出租前已被人民法院依法查封的。"《最高人民法院关于适用〈中华人民共和国担保法〉若干问题的解释》第六十六条第一款规定："抵押人将已抵押的财产出租的，抵押权实现后，租赁合同对受让人不具有约束力。"本案中，案涉房屋在出租前已设定抵押权且因抵押权人实现抵押而发生所有权的变动，依据上述法律规定，邱某、SM公司以其享有的租赁权对抗谭某对于案涉房屋享有的物权，缺乏法律依据，二审法院不予支持。《物权法》第二十八条规定："因人民法院、仲裁委员会的法律文书或者人民政府的征收决定等，导致物权设立、变更、转让或者消灭的，自法律文书或者人民政府的征收决定等生效时发生效力。"某某市中级人民法院于2019年4月11日出具了（2019）粤××执恢××××号执行裁定，裁定将案涉房屋过户给谭某。该裁定于2019年4月15日生效，因此，自该日起谭某即享有案涉房屋的各项权能，其主张邱某、SM公司交还811、812、813房屋，二审法院予以支持。邱某应自2019年4月15日起至实际搬离之日止，按照每月每平方米147元，811房屋每月房屋占有使用费为15346元、812房屋每月房屋占有使用费为

14720元，向谭某支付811房屋、812房屋的房屋占有使用费；SM公司应自2019年4月15日起至实际搬离之日止，按照每月每平方米147元，813房屋每月房屋占有使用费为11029元，向谭某支付813房屋的房屋占有使用费。一审法院驳回谭某的诉讼请求欠妥，二审法院予以纠正。

综上所述，谭某上诉请求成立，本院予以支持。依照《民事诉讼法》第一百七十条第一款第二项的规定，判决如下：

1. 撤销广东省广州市某某区人民法院（2019）粤××××民初××××号民事判决；

2. 自本判决生效之日起六十日内，邱某将811、812房屋腾空并交还给谭某、SM公司将813房屋腾空并交还给谭某；

3. 自本判决送达之日起十日内，邱某分别以每月15346元、14720元的标准（参照2019年《广州市房屋租赁参考价》）向谭某支付从2019年4月15日起至实际搬出811、812房屋之日止的房屋占有使用费、SM公司以每月11029元的标准向谭某支付从2019年4月15日起至实际搬出813房屋之日止的房屋占有使用费；

4. 驳回谭某的其他诉讼请求。

四 办案体会

本案是典型的"买卖不破租赁"原则的法定例外情形，争议焦点为"买卖不破租赁"原则的适用范围。本案中，租赁合同形成于涉案房产的抵押权设立之后，因抵押权人要实现抵押权而发生涉案房产所有权的变动，该情形应属于"买卖不破租赁"原则的例外情形，故不能适用"买卖不破租赁"原则。"买卖不破租赁"原则是民法领域的一项重要的原则，其功能在于保护承租人的合法权益，但其自产生开始，就在理论界和实践界存在争议。"买卖不破租赁"原则的规定，脱离了债权相对性原则，例外地使承租人不必承受出租人让与租赁物的风险，使承租人取得某种接近对世的权限。此涉及对承租人的保护与对受让人的保护两种利益的衡量。随着我国市场经济发展日益成熟，在保护承租人利益的同时也应关注受让人的合法权益，要争取承租人与受让人因"买卖不破租赁"原则的适用而实现共赢的局面，从而使原有租赁合同在受让人与承租人之间得以更好地继续履行。

广东HW公司、广州HW公司与HJ公司
所有权确认纠纷案

撰稿人：刘晓燕①

一　基本案情

（一）当事人和代理人基本情况

再审申请人：广东HW公司，广州HW公司

委托代理人：廖莘，广东金桥百信律师事务所律师

　　　　　　何力新，广东金桥百信律师事务所律师

　　　　　　刘晓燕，广东金桥百信律师事务所律师

再审被申请人：HJ公司

（二）案件基本情况

　　广东HW公司是全民所有制企业。2000年2月28日，广东HW公司与HJ公司在前期陆续签署的几份协议基础上再次共同签署了《合作开发、承包施工经营〈某花园〉合同书》（以下简称

---

① 广东金桥百信律师事务所合伙人。

2000年合同），约定：双方之前签署的协议作废，双方之间的权利义务以2000年合同约定为准；某花园项目由原来广东HW公司和HJ公司各投资50%，且各享有50%的权益及承担同等责任并更为自2000年合同签订之日，某花园项目交由HJ公司独立承包、开发、施工、经营、进行物业管理，自负盈亏；扣除HJ公司上交于广东HW公司的管理费及开发利润后，HJ公司独自享有其他所得权益，项目所产生的有关债权债务（含广东HW公司的投资及利息）由HJ公司承担；"某花园"物业的权属等事项。

广州HW公司是广东HW公司为开发"某花园"房地产开发项目而专门设立的子公司，"某花园"房地产开发项目以广州HW公司的名义申报，并以广州HW公司的名义进行开发建设。HJ公司是"某花园"房地产开发项目的实际施工方。HJ公司与广东HW公司、广州HW公司没有签署任何分包合同，HJ公司挂靠广东HW公司进行施工。

后HJ公司与广东HW公司、广州HW公司就"某花园"房地产开发项目尚未出售的物业所有权发生纠纷，HJ公司遂于2009年12月31日向某某市中级人民法院提起诉讼，诉请确认广州市海珠区"某花园"价值总额5000万元（该诉请金额是HJ公司为了便于计算案件受理费估算的金额）的权属归其所有。某某市中级人民法院作出（2010）某中法民×初字第××号民事判决，驳回了HJ公司诉讼请求。HJ公司不服，上诉至某某省高级人民法院，某某省高级人民法院作出（2013）某高法民×终字第××号民事判决，以《物权法》第三十条"因合法建造、拆除房屋等事实行为设立或者消灭物权的，自事实行为成就时发生效力"为由，判决撤销了（2010）某中法民×初字第××号民事判决，确认位于广东省某市某花园二期尚未过户的236套房产属于HJ公司所有，支持了HJ公司的全部诉请。该236套房产总价值超过2亿元人民币。

广东HW公司、广州HW公司不服，委托代理人团队向最高人民法院申请再审。经过代理人团队努力，最高人民法院作出（2013）民申字第××××号民事裁定，裁定指令某某省高级人民法院再审本案。某某省高级人民法院裁定将案件发回某某市中级人民法院重审。重审阶段，某某市人民法院以（2015）某中法民×重字第××号民事判决驳回了HJ公司的诉请，HJ公司上诉后，某某省高级人民法院以（2016）某民终××××号民事判决维持了（2015）某中法民×重字第××号民事判决、扭转了（2013）某高法民×终字第××号民事判决的判决结果，驳回了HJ公司的全部诉讼请求。

从2013年9月2日接受委托，至2018年尘埃落定，本案历时近五年，在这五年里，通过代理人团队专业、敬业的工作改变了原来的判决结果，维护了广东HW公司、广州HW公司超过2亿元人民币的合法权益。

二 各方意见

本案中，HJ公司与广东HW公司、广州HW公司发生纠纷的根源是2000年合同对各自的权利义务约定不清，对应当厘清的

"某花园"房地产项目的债权债务约定不清，对办理"某花园"房地产过户手续的前提条件约定不清，对是否存在法律障碍以及如何通过合法的方式解决该等法律障碍约定不清。

围绕约定不清的2000年合同，本案根据双方陈述以及双方提交的证据归纳了三个主要争议的焦点。

焦点一：依据2000年合同，HJ公司享有的是债权请求权，还是"某花园"项目的不动产物权？

焦点二：HJ公司是否依据2000年合同完全履行了己方义务，是否具备取得"某花园"产权及物业的前提条件？

焦点三：HJ公司依据之前的判决对"某花园"项目享有项目经营权，是否就当然具备取得"某花园"产权及物业的条件？《物权法》第三十条是否适用？

重审阶段，针对焦点一，法院最终认定HJ公司依据2000年合同享有的是债权请求权，而非"某花园"项目的不动产物权。针对焦点二，根据"谁主张谁举证"的原则，HJ公司对此负有举证责任，但HJ公司没有提供证据证明己方充分履行了2000年合同约定的义务，达成了办理"某花园"产权及物业的前提条件。针对焦点三，"某花园"房地产开发项目以广州HW公司名义开发建设，在该项目的不动产物权已登记为广州HW公司所有的情况下，HJ公司不能依据《物权法》第三十条原始取得"某花园"项目的不动产物权。最终某某省高级人民法院扭转了该院作出的（2013）某高法民×终字第××号民事判决，以（2016）某民终××××号民事判决驳回了HJ公司的全部诉讼请求。

三 审理结果及理由

最高人民法院认为广东HW公司、广州HW公司的再审申请符合《民事诉讼法》第二百条第二项、第六项规定的情形，依法作出（2013）民申字第××××号民事裁定，指令某某省高级人民法院再审。

某某省高级人民法院依据最高人民法院的上述裁定作出（2014）某高法审监民再字第××号民事裁定，裁定撤销该院（2013）某高法民×终字第××号民事判决，发回某某市中级人民法院重审。

某某市中级人民法院认为2000年合同已发生法律效力的（2008）某高法民×终字第××号民事判决认定性质是"HJ公司与广东HW公司之间的项目经营权转让关系"。根据2000年合同的约定，"在HJ公司向广东HW公司交清约定的管理费和利润后，广东HW公司应申请办理产权及物业转让给HJ公司的转名手续。在交清原已形成的以广东HW公司名义承担，与本项目有关的各项债务后，在10天内，广东HW公司应当无条件给予交付项目产权及物业转让给HJ公司的转名手续"，亦即双方之间以发生物权变动为目的的债权合同关系，只有广东HW公司履行转让义务，依法办理转让登记手续之后，方才发生物权变动结果。在此之前，HJ公司依据2000年合同主张确认物权归属，并无事实和法律依据，依法作出（2015）某中法民×重字第××号民事判决，驳回了HJ公司的诉请。

HJ公司不服（2015）某中法民×重字第××号民事判决，向某某省高级人民法院提出上诉，某某省高级人民法院认为某某市中级人民法院认定事实清楚，适用法律正确，应予维持，并依法作出（2016）某民终××××号民事判决，判决：驳回上诉，维持原判。

四 办案体会

本案从HJ公司于2009年12月31日向某某市中级人民法院提起诉讼，至某某省高级人民法院于2018年4月25日作出终审判决，前后历时近九年；自代理人团队接受广东HW公司、广州HW公司委托至某某省高级人民法院于2018年4月25日作出终审判决，历时近五年。五年间经历最高人民法院、某某省高级人民法院、某某市中级人民法院三级人民法院，经历了再审、重审等司法程序，广东HW公司、广州HW公司最终收到了迟来的正义，挽回直接损失超过2亿元人民币。

代理人团队作为广东HW公司、广州HW公司再审以及重审一审阶段和二审阶段的代理人，作为案件亲历者，见证了本案从向最高人民法院申请再审至某某省高级人民法院作出重审终审判决的全过程，深刻感受到只有依靠专业、过硬的知识以及娴熟的诉讼技巧才能应对本案的各种状况，应对来自法官和对方当事人各种询问。

综观本案，广东HW公司如在与HJ公司签署2000年合同时能聘请专业人士将合同具体到细枝末节，且各个细枝末节均可操作、均可量化、均可落实，那么，广东HW公司、广州HW公司应得到的正义也许会早些来到！

李某诉某某省市场监督管理局相邻权纠纷案

撰稿人：李志安①

一 基本案情

（一）当事人和代理人基本情况

上诉人：某某省市场监督管理局

委托代理人：李志安，广东金桥百信律师事务所律师

被上诉人：李某

（二）案件基本情况

1994年，原某某省工商行政管理局、MA公司、WZ公司、GF公司签订联合建房协议，并依协议兴建成现位于某某市的"某某大厦"。2001年4月26日，四方签订了《关于合作建房单位调整楼层有关问题的协议》对楼层的分配和通道使用问题进行了详细约定。MA公司破产后，某某市中级人民法院于2013年对MA公司所有的55—59号某某大厦裙楼5层（57号、59号5层）进

---

① 广东金桥百信律师事务所合伙人。

行拍卖，拍卖方式为"按现状公开增价分拆拍卖"李某和案外人通过拍卖分别取得59号、57号5层。

2018年，李某向广州市某某区人民法院起诉请求：1.省市监局、省财政厅、YD公司恢复59号楼首层商场出入口供李某使用并承担相关费用；2.省市监局、省财政厅、YD公司恢复59号楼五层步梯通道、五层到四层的手扶电梯并承担相关费用；3.省市监局、省财政厅、YD公司自2013年12月31日起至59号楼五层到四层的手扶电梯及首层的电梯、五层的步梯通道、首层商场出入口均恢复之日止，按月向李某赔偿租金损失（暂按市场价129978元/月的标准计算，具体以法院指定的第三方评估机构评定的金额为准）；4.省市监局、省财政厅、YD公司自2013年12月31日起至59号楼五层到四层的手扶电梯及首层的电梯五层的步梯通道、首层商场出入口均恢复之日止，向李某赔偿物业管理费损失（按2209626元/月的标准计算）；5.本案受理费由省市监局、省财政厅、YD公司承担。

一审法院认为：业主对建筑物内的住宅、经营性用房等专有部分享有所有权，对专有部分以外的共有部分享有共有和共同管理的权利。依据《最高人民法院关于审理建筑物区分所有权纠纷案件具体应用法律若干问题的解释》第三条之规定，本案争议的楼梯、手扶电梯及首层商场出入口均属于公共通行部分，李某作为59号第五层的业主，对上述共有通道享有使用通行的权利。判决如下：一、某某省工商行政管理局于判决发生法律效力之日起30日内，按某某市城市规划局【某规验证（2007）××××号】《建设工程规划验收合格证》附属建筑竣工图一层平面图，恢复59号第五层通行至首层地面的位于5轴-6轴×E轴-G轴位置的一部楼梯，3轴-5轴×A轴-B轴位置的一部楼梯，1轴-2轴×A轴-B轴位置的一部楼梯以及位于5轴-6轴×A轴-B轴位置的首层商场出入口，恢复费用由某某省工商行政管理局负担。二、某某省工商行政管理局于判决发生法律效力之日起30日内，按某某市城市规划局【某规验证（2007）××××号】《建设工程规划验收合格证》附属建筑竣工图一层平面图，恢复59号第五层通行至第四层的位于3轴-5轴×A轴-B轴位置的两部手扶电梯，恢复费用由李某、某某省工商行政管理局各负担50%。三、某某省工商行政管理局于判决发生法律效力之日起30日内，向李某赔偿自2015年7月22日起无法正常使用59号第五层的租金损失（每月租金损失应按房屋建筑面积12997818平方米计算，由具有相关资质的评估机构进行评定，并以不超过评定结果的70%为限），直至某某省工商行政管理局履行完毕上述第一项判决内容之日止。四、驳回李某的其他诉讼请求。案件受理费47990元，由李某负担16442元，某某省工商行政管理局负担31548元。

上诉人某某省市场监督管理局主要上诉请求：1. 撤销一审判决；2. 改判无需恢复出入口；3. 改判无需恢复两部手扶电梯；4. 改判无需赔偿李某自2015年7月22日起无法正常使用59号第五层的租金损失；5. 本案诉讼费用由李某承担。主要事实和理由：1. 一审将省市监局涉案不动产混同为一般民事住宅和经营性用房是对国家机关支配的不动产特殊性认识不清，导致判决失当。2. 某某省市场监督管理局对涉案不动产的处分是依据法律和国务院的有关规定进行的适当处理和安排，并不存在擅自占用、处分业主共有部分、改变其使用功能的行为。3. 容忍义务是李某作为相邻不动产权利人的基本义务。4. 李某的通行不便并非省市监局所致。5. 一审判定省市监局赔偿李某租金损失没有事实和法律依据。6. 省市监局已履行了作为相邻权人的互助互利义务。李某因合作失败被封堵后，省市监局已尽其所能协助李某开设了经营所需的专用电梯，应认定为履行了作为相邻不动产权利人的基本义务。

二审法院认为，本案为相邻权纠纷，并非建筑物区分所有权纠纷，《最高人民法院关于贯彻执行〈中华人民共和国民法通则〉若干问题的意见（试行）》第一百零一条规定："对于一方所有的或者使用的建筑物范围内历史形成的必经通道，所有权人或者使用权人不得堵塞。因堵塞影响他人生产、生活，他人要求排除妨碍或者恢复原状的，应当予以支持。但有条件另开通道的，也可以另开通道。"省市监局在《关于合作建房单位调整楼层有关问题的协议》签订之后至本案起诉之时并未超出约定范围擅自处分权利。由于案外人在57号5层与59号5层之间砌墙堵截了通道，导致李某无法使用靠西两部电梯，对此，李某可通过其他途径另行解决。李某的通行权已得到保障，其主张省市监局妨碍其通行权并应按照某某市城市规划局【某规验证（2007）××××号】《建设工程规划验收合格证》附属建筑竣工图一层平面图，恢复楼梯和两部手扶电梯，以及5轴-6轴×A轴-B轴的首层商场出入口依据不足，本院不予支持，一审法院对此处理不当，本院予以纠正。关于租金损失的问题，本院认为，李某的涉案房产通行受阻并非省市监局所导致，其主张涉案房产的租金损失与省市监局并无因果关系。故李某要求省市监局赔偿租金损失的主张，本院不予支持，一审法院处理不当，本院予以纠正。综上所述，某某省市场监督管理局（某某省知识产权局）的上诉请求部分成立。依照《中华人民共和国民事诉讼法》第一百七十条第一款第二项规定，判决如下：撤销广东省广州市某某区人民法院（2016）粤××××民初××××号民事判决第二项、第三项、第四项，变更广东省广州市某某区人民法院（2016）粤××××民初××××号民事判决第一项为"某某省市场监督管理局（某某省知识产权局）协助李某按某某市城市规划局【某规验证（2007）××××号】《建设工程规划验收合格证》附属建筑竣工图，开通59号第五层通行至首层地面位于5轴-6轴×E轴-G轴位置的消防楼梯"；驳回李某的其他诉讼请求，一审案件受理费47990元，二审案件受理费36693元，全部由李某负担。

（三）案件焦点

1. 涉案案由属于建筑物区分所有权纠纷还是属于相邻权纠纷；

2. 某某省市场监督管理局是否有妨害行为。

二 代理意见

1. 国家利益高于一切，任何个人利益都应让位于国家利益；

2. 某某省市场监督管理局没有妨害李某的通行权，通行受阻是自身原因和案外人所致，对其损失不应予以赔偿；

3. 本案应属于相邻权纠纷，一审法院认定案由错误。

三 审判结果

1. 二审法院将一审案由认定为建筑物区分所有权纠纷依法改为相邻权纠纷；

2. 二审法院撤销一审法院判决，一审、二审的诉讼费用全部由李某承担。

四 案例分析

某某省市场监督管理局一审败诉，除需面临本案上千万的索赔及四层办证大厅的办公场地被毁外，还需面对MA公司破产管理人的千万元索赔。局领导感到事态严重，需更换律师团队处理。本所接受委托后对案件进行梳理和分析，得出以下分析意见：1. 一审法院对涉案资产的性质理解不清，也就是对《物权法》关于国家行政机关管理的资产有特殊规定的认识不足。2. 一审法院在案由认定上出现错误，导致适用法律错误。一审法院将本案列为建筑物区分所有权纠纷是错误的，本案应属于相邻权纠纷，不能适用《最高人民法院关于审理建筑物区分所有权纠纷案件具体应用法律若干问题的解释》的规定处理，而应使用《民法通则》及相关司法解释按相邻权纠纷处理。3. 一审代理律师，未尽到勤勉尽责的职责，没有收集涉案标的的历史资料及对方自身原因导致权力受损的证据并提交给法庭。本案的涉案标的兴建于1994

年，20余年来相安无事。为什么会20余年相安无事？为什么一到李某手上就纷争不断？没有去思考这个问题？4.一审中很多支持我方的有利证据并未收集和提交，二审提交代理律师按照新《民事诉讼法》的规定将面临法庭训诫的风险。5.一审的诉讼思路相邻权纠纷处理。

五　处理方式

1. 更换原先上诉理由，本案主要是关于相邻权纠纷，并非建筑物区分所有权纠纷，并突出强调涉案标的是国有资产，是办公场地。

2. 树立律师执业担当精神。在维护国有资产及国家权益面前，律师应义无反顾，在所不辞。

3. 积极与二审法官正常沟通，争取实地勘察，申请法院调查取证。二审法官采纳本所律师的现场勘察申请。为了查明案件事实，审理过程承办法官两次组织各方当事人实地勘察，固定了许多有利于某某省市场监督管理局的证据。

4. 动员合建单位主动向二审法院出具证明，证明一审未查明的事实。

六　办案体会

本案代理过程中，本所指派的李志安律师勤勉尽责，多次到档案馆核查有力证据。最终，二审法院采纳了本所的代理意见，依法改判了案件，保护了国有资产，给国家避免了巨大损失。但从本案来看，由于司法观点不一致，致使诉讼双方被多次诉累。

　　建议：1. 国家行政机关对管理的国有资产包括办公场地的历史档案应专门建档，以便核查。2. 建筑物区分所有权纠纷和相邻权纠纷存在交叉。承办律师应在司法实践中应当正确选择案由为当事人争取合法权益。

建设用地使用权纠纷二审一案

撰稿人：聂卫国①

一 基本案情

（一）当事人和代理人基本情况

上诉人：DSS公司

委托代理人：聂卫国，广东金桥百信律师事务所律师

被上诉人：LF公司

原审第三人：DSJ公司、某某镇政府

委托代理人：聂卫国，广东金桥百信律师事务所律师

（二）案件基本情况

2004年6月，TB村第一经济合作社作为甲方，与作为乙方的LF公司和作为丙方的TB村委签订了一份《土地使用补偿协议书》，主要约定内容包括：三方就位于"TB村第一经济合作社长围东西边旧移民"土地使用权一事，乙方在现有土地边界西北边

---

① 广东金桥百信律师事务所党委书记、主任。

靠甲方住宅地处调换30亩给甲方，作为交换条件，甲方在本协议给乙方使用的180亩土地边界同样调换30亩给乙方。

2004年6月，TB村委向某某镇政府提交用地申请，以TB村第一经济合作社的村民搬迁安置需要及LF公司的发展需要为由，申请用地指标。同年8月，某某镇政府批复称，经党委会议研究，同意用地调整及新征用地。同年9月，某某镇政府再次批复称，经书记办公会议研究，同意TB村委用地指标（工业）的申请。

2008年9月，DSS公司取得涉案建设用地的权属登记，登记使用类型为出让。

2013年8月，LF公司向某某镇政府提交关于完善LF公司用地办证结算及招拍挂手续的请示，以涉案建设用地是经2004年9月镇书记办公会议研究同意，LF公司借某某镇政府名义于2006年向省申报用地指标，以办证至DSS公司名下为由申请某某镇政府协助将涉案建设用地通过招拍挂手续进行公开交易，招拍挂产生的所有税、费均由LF公司支付，其余拍卖所得地价款由某某镇政府全额退还给LF公司。同年8月，某某镇政府对该请示批复称，经党委会研究通过，同意请示。

2013年9月，LF公司与DSJ公司签订用地报批税费确认表，确认：涉案建设用地产生的省收各项税费均由LF公司实际承担和支付。

2016年3月，DSS公司向某某镇政府提交关于DSS公司名下用地处置方案的请示，以盘活存量建设用地资源为由，计划将名下的涉案建设用地进行公开交易。某某镇政府对该请示批复称，经党委会研究通过，同意请示。

2019年1月，LF公司向某某市第二人民法院提起诉讼，请求法院判决涉案建设用地属于LF公司所有，DSS公司、DSJ公司、某某镇政府协助LF公司办理土地使用权变更登记手续。诉讼过程中，LF公司增加诉讼请求：确认建设用地的用地权益由LF公司享有。一审开庭审理后判决涉案土地建设用地使用权之权益由LF公司享有。

（三）争议焦点

二审争议焦点在于LF公司主张享有涉案建设用地使用权用地权益的诉求能否支持的问题。

二 各方意见或观点

本院二审期间，DSS公司提交了广东省某某市第二人民法院（2015）××法刑×初字第××××号刑事判决书，主张LF公司的征地行为是不合法的。上述刑事判决查明"2003年下半年至2004年6月期间，为解决某某镇TB村第一经济合作社部分村民的居住问题，时任TB村第一经济合作社负责人的被告人陈某，在某某镇TB村党支部书记梁某东、TB村委会主任冼某坤等TB村两委人员的协调下，多次召开村民会议，商定与LF公司置换30亩土地作为村民建房，并同意LF公司在TB村第一经济合作社'征地'180亩，2004年6月8日，TB村第一经济合作社在未经相关土地主管部门批准的情况下，以牟利为目的，违反土地管理法规，由被告人陈某等人作为代表，与LF公司及某某镇TB村民委员会签订《土地使用补偿协议书》，约定将位于TB村第一经济合作社土名'长围东西边旧移民'处的约180亩农村集体土地（后经实测面积为181.27亩），以每亩3.6万元的补偿价格给LF公司使用，2005年2月25日、3月15日，LF公司分两次将上述补偿价款共计人民币6525720元汇至TB村第一经济合作社银行账户。同年3月23日，TB村第一经济合作社将该补偿款以每人14900元的标准分配给该社人员。2007年3月，上述用地中的114.69亩被收为国有城镇建设用地，余下66.58亩仍为基本农田。"广东省某某市第二人民法院认为"被告单位某某市某某镇TB村第一经济合作社、被告人陈某身为单位直接负责的主管人员，无视国家法律，以牟利为目的，违反土地管理法规，非法转让土地使用权，情节特别严重，其行为已构成非法转让土地使用权罪，应依法惩处。被告单位某某市某某镇TB村第一经济合作社、被告人陈某如实供述自己罪行，依法可从轻处罚，公诉机关指控被告单位某某市某某镇TB村第一经济合作社、被告人陈某犯非法转让土地使用权罪的事实清楚，证据确实、充分，罪名成立，本院予以支持。对被告人陈某的辩护人所提被告人陈某在转让土地使用权过程中起辅助作用的意见，经查，被告人陈某多次组织召开村民会议，并积极与HM公司进行磋商，还作为某某市某某镇TB村第一经济合作社的代表在土地转让协议中签名，可见被告人陈某在转让土地使用权过程中起主要作用……"据此，广东省某某市第二人民法院判决认定TB村第一经济合作社、陈某均犯非法转让土地使用权罪，分别判处了罚金和有期徒刑。

LF公司质证认为：上述判决书是DSS公司二审阶段才提交的；

对真实性、合法性予以确认，关联性不予确认。首先，该判决书并不能得出案涉149亩土地的征地行为不合法的结论，该判决是对TB一杜和陈某非法转让行为的判决，并没有在判项中和判决内容对征地行为不合法应该进行取消的内容，该案件已经生效和执行完毕，与本案没有直接关联。其次，案涉土地的征收行为是合法的，一审法院到某某市国土部门调取的相关资料可以看出涉案土地是经过广东省某某市各级政府部门报批审批后转为国有土地出让给DSS公司，该过程是合法有效的。

三　审理结果及理由

判决结果：一审判决确认登记在DSS公司名下的涉案土地使用权之权益实际由LF公司享有。

本律师接受二审委托后，最终二审判决撤销一审判决，并驳回LF公司的诉讼请求。

判决理由：首先，LF公司并非涉案土地使用权的物权人，也不享有请求办理物权变更登记的权利，即LF公司对涉案土地使用权不具有物的相应权利。其次，从涉案土地从LF公司与TB村第一经济合作社等签订协议、LF公司与某某镇政府及DSS公司的内部文件、DSS公司受让土地使用权的过程等，可以证实LF公司在均不符合法律、法规和政策规定可以受让和转让涉案土地的情形下，通过某某镇政府、DSS公司以建设商业住宅项目为由申请农转用指标等手续及以出让作土地储备用地（用途为商业住宅）事由办理了相关征地、受让土地事宜，其后再由某某镇政府、DSS公司与LF公司内部之间确认上述建设用地权益归LF公司所有。上述约定实质是规避了国家对土地管理的法律、法规和政策，损害了国家利益。使LF公司在不符合受让和转让涉案土地使用权条件的情形下，通过不进行土地变更登记的方式，获得了涉案土地的使用权益，应属无效。LF公司认为按照其与DSS公司等的内部约定和承诺，请求确认涉案土地用地权益归其享有的主张，依据不成立，不能支持。最后，根据已经发生法律效力的广东省某某市第二人民法院（2015）××法刑×初字第××××号刑事判决认定的事实以及判处结果，足以证明TB村第一经济合作社等与LF公司签订《土地使用补偿协议书》，将涉及土地使用权非法转让给LF公司，违反土地管理法律法规，已经构成非法转让土地使用权的犯罪行为。根据《合同法》第五十二条的规定，应当认定《土地使用补偿协议书》无效，LF公司就此也具有过错。故此，LF公司通过履行该《土地使用补偿协议书》，最终获得DSS公司等作出承诺其拥有涉案建设用地的权益，不具有合法有效的基础和因由关系，LF公司请求确认涉案土地使用权益归其享有的主张，也不应据此得到支持。综上所述，一审法院判决支持LF公司请求确认涉案建设用地的权益实际由其享有的主张，认定有误，二审法院予以纠正。至于LF公司就涉案建设用地纠纷与DSS公司等引起的其他债权债务关系，LF公司可另行主张。

四 办案体会

一审法院判决确认登记在DSS公司名下的涉案建设用地使用权实际由LF公司享有，在一审判决败诉的情况下，本律师接受DSS公司、DSJ公司、某某镇政府委托后，立即对案情、证据材料及本案相关背景情况进行充分研究，梳理代理思路，研讨诉讼策略，并向某某市中级人民法院提起上诉。

通过研究本案案情、证据材料、一审判决书等全部诉讼材料后，本律师发现了一审判决中存在以下问题：一、涉案土地的性质为土地储备用地，而LF公司作为一般用地主体，并不具备储备用地主体资格；二、LF公司从2002年9月7日至今一直处于吊销状态，其与某某镇政府在2012年9月7日之后关于本案讼争土地的处置方案和批示，无论从国家土地政策还是作为被上诉人的主体资格，都不具备合法基础；三、LF公司与某某镇TB村民委员会、TB村第一经济合作社的转让行为在（2015）××法刑×初字第××××号刑事判决书中被认定为非法行为，根据《合同法》相关规定，恶意串通，并损害国家、集体利益的合同是绝对无效的合同。LF公司的权利基础因违法犯罪而无效，基于无效法律关系而支付的相关费用不属于物权请求权。但一审法院却将对人的债权认定为对物的物权，适用法律错误。综上，本律师整理了二审代理意见，即LF公司从开始违法协议转让土地，到被吊销营业执照、在自己不具备土地储备资格的前提下，企图规避招拍挂规定取得土地使用权等都是严重违反法律和国务院强制性规定的行为，均因基础关系无效而不能取得本案争议土地使用权。

本案二审于2019年11月18日在某某市中级人民法院开庭审理，本律师在法庭上充分发表了代理意见，并就我方观点据理力争。在庭审结束后，本律师结合案件开庭情况、LF公司辩称内容、二审争议焦点等从事实和法律依据两方面予以重点完善了代理意见，并提交给法院。

经过努力，本案在经过了一审法院判决败诉的挫折后，最终取得了二审法院判决撤销一审判决并驳回LF公司诉讼请求的胜果，为委托人挽回了6.88亿元的损失。除此之外，在现有国家依法行政、严禁国有资产流失的大背景下，本案能够取得胜诉结果，纠正违法行为，对受害人权益保障、经济活动的稳定和安全均具有重大意义，对同类案件的审理也极具参考价值。

从千万违约金被确认看债权转让合同效力确认之诉之受让债权范围的认定

撰稿人：黄顺华①

一 基本案情

（一）当事人和代理人基本情况

上诉人：KG 公司

委托代理人：黄顺华，广东金桥百信律师事务所律师

被上诉人：TY 公司

第三人：PC 公司

（二）案件基本情况

1994 年 4 月 15 日，TY 公司与 PC 公司签订《房地产预售契约》和《某某广场商品房预售补充契约》，约定 PC 公司将"某某广场"大厦的房地产出售给 TY 公司。上述合同签订后，由于 PC 公司未按合同约定交付房屋，TY 公司向法院提起诉讼。市中院于

---

① 广东金桥百信律师事务所高级合伙人。

1999年3月25日作出民事判决，判令PC公司向TY公司支付逾期交楼违约金。

后某某广场引发一系列案件，与某某广场有关的所有执行案件均由市中院受理并执行。执行过程中，某某集团整体收购某某广场，某某广场相关购房人和债权人均按市中院确定的分配方案返还购房款、返还购房等。2008年3月12日，市中院作出裁定，根据该裁定所确定的《"某某广场"债权分配方案》，凡是购买某某广场商铺的债权人，均作返还购房款处理，不再返还购房，导致上述TY公司与PC公司约定买卖的商铺客观上无法交付。2008年3月24日，TY公司向市中院申报其债权，并获确认。

TY公司原系中国JS银行自办经济实体，后根据有关文件，转由JY公司某某资产管理处置分部分管。2008年3月27日，出于尽快完成不良资产处置和关闭自办实体的需要，JY公司某某资产管理处置分部批复同意处置包括TY公司在内的6家自办实体企业共40项资产包，其中包括对PC公司享有之合同权益和代垫诉讼费用的债权在内。该处置方案并报JY公司总公司核准。KG公司通过公开拍卖程序竞拍取得了上述40项资产。2008年5月20日，KG公司与TY公司等6家公司共同签订《转让协议》，约定"转让方向受让方转让的转让标的系指转让方对相应债务人享有的债权（含合同权益）及对相应公司享有之股权"。

KG公司曾于2009年2月16日对TY公司提起诉讼，诉请确认KG公司对PC公司享有债权。2009年11月10日，因就转让事宜存在的分歧已经解决，KG公司向法院提出撤诉申请并获法院同意。

2012年，KG公司再次提起诉讼，请确认TY公司将其对PC公司享有之债权（包括1999年民事判决书确定的违约金）转让给KG公司的民事法律行为合法有效。涉案标的额约人民币1130.4万元。2012年12月，一审法院作出的判决结果并未确认转让债权的范围包括上述违约金。KG公司不服提起上诉，后二审改判认定转让债权范围包括违约金。

（三）争议焦点

本案二审争议的焦点在于KG公司受让债权的范围是否包括1999年民事判决书确定的违约金。

二 各方意见

（一）上诉人（KG公司）代理人意见

一、一审判决未认定TY公司向KG公司转让的权益包括TY公司依据1999年民事判决书判项要求PC公司支付违约金的权利，属认定事实不清。KG公司认为TY公司向KG公司转让的权益为TY公司依据《房地产预售契约》和《某某广场商品房预售补充契约》对PC公司享有的全部债权，包括但不限于要求PC公司返还购房款本金的权利（基于客观上PC公司已经无法交付商铺，且中院关于"某某广场系列执行案"分配方案明确只能解除合同）、要求PC公司偿还垫支诉讼费用的权利以及TY公司依据1999年民事判决书判项要求PC公司支付违约金的权利。

理由如下：1.KG公司和TY公司签订的《转让协议》及发出的《债权转让通知书》对此有明确约定。（1）《转让协议》第九条第三款："鉴于TY公司就其与PC公司房屋买卖合同纠纷已经由法院作出生效判决，并进入执行阶段【生效判决号1999年，执行案号（2001）某中法民执字第××××号】，如乙方申请将其变更为申请执行人实践中难以操作，……。在上述案件执行过程中如乙方须以TY公司的名义领取执行款项，则TY公司应当在收到支票（款项）之日起两个工作日内将该支票背书至乙方名下或在该期限内将全部款项转账至乙方账户，不得截留。"（2）《债权转让通知书》中："KG公司……对贵方享有上述债权及其附属权益。截止到目前，该等债权本金余额合计壹仟壹佰叁拾万肆仟零肆拾贰元伍角（￥11304042.50）人民币，代垫诉讼费用壹拾壹万伍仟肆佰元（￥115400.00）人民币，利息、违约金及其他附属权益等另计。作为上述债权的债务人，贵方应当……，包括但不限于向新债权人偿还所欠全部本金、利息及其他相关款项。……"（3）《转让协议》第七条、第十一条的约定，以及《债权转让通知书》所附《债权转让确认函》的记载（"……据此，TY公司已将原对我方所享有之债权及其附属权益全部转让给了KG公司。"）进一步印证了KG公司的上述观点。

2.本案审理过程中，TY公司多次确认已将依据1999年民事判决书判项要求PC公司支付违约金的权利转让给KG公司。2012年11月30日，其主管单位广州市JY物业管理有限公司也出具书面《情况说明》，作出同样的确认。

3.此次交易的评估报告、84号批复以及《拍卖标的说明》等文件同样反映了TY公司向KG公司转让的债权包括依据1999年民事判决书判项要求PC公司支付违约金的权利。（1）评估报告明确界定"评估对象及范围"是"TY公司的所有资产和负债"，况且明确将1999年《民事判决书》以及相应的执行法律文书作为评估报告附件，故评估方评估上述全部购房权益时，已将1999年《民事判决书》作为评估基础信息，并将该判决书判项下权利纳入评估范围。（2）84号批复以及《拍卖标的说明》明确转让的资产系"合同权益"和"代垫诉讼费"，其中"合同权益"即转让人依据有关合同所享有的全部权利。在本案中，由于TY公司购买的商铺早已由他人取得产权，PC公司客观上不可能交付商铺，且根据贵院关于"某某广场系列执行案"分配方案，商铺购房人均按退款处理，不得主张交房，故相关购房合同只能做解除处理，即TY公司只能要求返还购房款本金，而不可能主张交付商铺了。（3）评估报告、84号批复以及《拍卖标的说明》附表中反映"资产账面余额"为1130.40万元，系因为评估报告采用的是"成本法"，即按当时TY公司的原预付款金额核算，而后面的84号批复以及《拍卖标的说明》均是基于此评估报告作出。此处金额并非对资产具体范围的界定，而只是反映会计报表的记载内容。

二、一审判决判项表述不清，存在歧义。一审判决判项的表述会有两种理解：一是确认TY公司向KG公司转让债权的行为合法有效，该等债权为以84号批复附件资产清单指明的TY公司依据购房合同享有的债权，包括1999年民事判决的债权。二是确认TY公司向KG公司转让债权的行为合法有效，该等债权为TY公司依据购房合同享有的债权，包括84号批复附件资产清单指明的1999年民事判决的债权。一审判决判项表述如此模棱两可，令人无所适从。即使就84号批复附件资产清单而言，TY公司向KG公司转让的权益内容也是明确包含了1999年民事判决书确定的违约金。

（二）被上诉人（TY公司）代理人意见

对KG公司的诉讼请求没有意见。

（三）第三人（PC公司）代理人意见

对KG公司本案提供的包括KG公司与TY公司共同签发的《债权转让通知书》等诉讼证据确认在2012年5月31日收到，并均确认其真实性。但JY公司出具的《情况说明》与KG公司、TY公司签订的《转让协议》附件资产明细表、与拍卖的资产明细表不符。拍卖资产明细表内容仅为"某某大厦预付款及代垫诉讼费"。

三 审理结果及理由

一审判决结果：确认TY公司将其依据《房地产预售契约》和《某某广场商品房预售补充契约》对PC公司享有的包括依据1999年民事判决的债权［以JY公司某某资产管理处置分部中建投某处置（2008）第××号批复附件资产清单所列为准］转让给KG公司的民事法律行为合法有效。

裁判理由：《转让协议》的真实性已经由双方确认。KG公司受让《转让协议》中的TY公司转让的涉案合同权益资产和债权资产，是双方当事人的真实意思表示。TY公司转让给KG公司的涉案资产经评估评定处置价值和TY公司主管部门的批复同意，由KG公司通过公开拍卖竞得。因此，协议转让的涉案合同权益资产和债权资产没有违反法律法规的强制性规定，不具有《中华人民共和国合同法》第五十二条规定的情形，应当认定协议转让合同权益资产和债权资产的民事法律行为合法有效。

原告KG公司不服提起上诉，二审法院改判认定转让债权范围包括违约金。

二审改判结果：变更广州市某某区人民法院（2012）某×法民×初字第××××号民事判决判项为：确认TY公司将其依据《房地产预售契约》和《某某广场商品房预售补充契约》对PC公司享有的包括依据1999年民事判决的债权转让给KG公司的民事法律行为合法有效。

裁判理由：首先，本案是确认合同有效纠纷，审查的是KG公司与TY公司之间的债权转让行为是否有效，就本案而言，TY公司将其所有的对PC公司的合同权益对外进行转让，已经其上级主管部门批准，对外公告，经公开拍卖程序由KG公司竞得，符合《金融资产管理公司资产处置管理办法》的有关规定；其次，从该转让行为所产生的文件来看，本案资产委托广东某会计师事务所以成本法进行评估，本案TY公司对PC公司的债权记为预付账款和其他应收款，以本金方式记入，并根据债权偿还率计算估价，但在附件附有关于逾期交楼违约金的1999年民事判决书及执行裁定书，JY公司某某资产管理处置分部中建投某处置（2008）第

××号批复在附件资产明细表亦以本金方式记载，等等，上述文件记载在对标的物的表述上是一致的，即TY公司向KG公司转让的是TY公司对PC公司的购房合同权益及代垫诉讼费；最后，就转让行为而言，转让标的的范围应以交易双方即TY公司向KG公司描述的为准，TY公司上级主管部门的批复是对相关转让项目是否同意进行的概括性批准，批复对涉案项目仅概括为合同权益，而后双方交易的《拍卖标的说明》以及转让协议对标的的描述并未超过此范围，现KG公司请求确认TY公司将其依据《房地产预售契约》和《某某广场商品房预售补充契约》对PC公司享有的包括依据1999年民事判决的债权转让给KG公司的民事法律行为合法有效，并无不当，本院予以支持。

四 | 办案体会

1. 本案是债权转让效力确认之诉，办理本案过程中，代理律师在熟悉案情的基础上查阅了大量文献资料，精细化检索同案类案，就债权转让的要件、债权转让通知等法律问题做了翔实的法律研究，力争一份合理合法的判决。

2. 逾千万元违约金被认定属于债权转让范围，成功实现客户诉求，实属不易。根据1999年民事判决，按照"从1996年10月1日起至本判决生效之日的逾期交楼违约金（按港币11165700元每日千分之一计算，以后按上述标准逐月计至实际交楼之日止【以原告已付港币10049130元为限】）"的计算标准（具体计算方式详见（2012）某×法民×初字第××××号民事判决书事实认定部分，即P4第一段），截至本案二审判决作出之日（即2013年7月4日），上述违约金已累计远远超过港币10049130元。此案虽然诉请单一明确，但由于时间跨度较大（约20年），资料较多，同时涉及多方关联主体，又有国有银行牵扯其中，法律关系较为复杂，前后两次起诉，历经一审二审。在一审遗漏认定转让债权范围包括"违约金"的不利境地下，果断上诉，积极争取，最终迎来二审改判支持KG公司上诉请求，实现了千万违约金被确认和支持的逆转性胜利，维护了客户的合法权益。

3. 本案系债权人提起的债权转让合同效力确认之诉，经历一审、二审诉讼，两个关键法律问题得以厘清：一是债权转让合法性的认定要件。转让人与受让人就债权转让达成了明确的一致的意思表示，该意思表示并无违反法律和行政法规强制性规定之处；根据双方签订的《转让协议》，权利转移条件已经满足，即合同依法成立生效，债权转让行为有效。二是债权转让范围的确定。在协商洽谈之初（拍卖）时所附上级主管部门批复的债权清单等文件与正式签订的债权转让协议、债权转让通知书等文件两者对债权转让范围表述不一致或不明确的情况下，可基于债权转让行为的合法有效性、债权转让过程中所产生的相关文件、转让人对债权范围的描述等因素综合确定合法有效的债权范围。

高某某与刘某民间借贷纠纷再审案

撰稿人：王欣①

一 | 基本案情

（一）当事人和代理人基本情况

原告（二审被上诉人、再审申请人）：高某某

委托代理人：甘雪玲（王欣团队），广东金桥百信律师事务所律师

被告（二审上诉人、再审被申请人）：刘某、郭某

（二）案件基本情况

2014年4月3日，刘某向高某某出具两份借条，内容分别是借到高某某现金276万元（币种为人民币，以下同）及150万元，按月息2.5%计算利息，两份借条全部内容由刘某书写。案涉借款发生在刘某与郭某夫妻关系存续期间。

2014年12月12日，高某某通过广东某律师事务所向刘某发

---

① 广东金桥百信律师事务所副主任、高级合伙人。

出律师函，要求刘某立即偿还借款本金及支付借款利息。

2014年12月22日，高某某向原审一审法院提起诉讼。原审一审法院判决刘某向高某某返还借款本金426万元及利息，郭某对刘某上述债务承担连带清偿责任。

上诉人刘某、郭某不服一审判决向某某市中级人民法院提起诉讼，某某市中级人民法院以原审认定基本事实不清，处理失当为由撤销原审一审判决，驳回了高某某的诉讼请求。

高某某因不服某某市中级人民法院作出的二审判决，委托我方律师代理其向某某省高级人民法院提起再审申请。2017年10月17日，某某省高院作出（2017）某民申××××号民事裁定书，裁定本案由某某省高院提审。

（三）争议焦点

争议焦点1：高某某关于其与刘某之间存在涉案借贷关系的主张能否成立；

争议焦点2：郭某应否对刘某的涉案债务承担连带清偿责任。

二 各方意见

（一）关于争议焦点1

1. 刘某辩称涉案两份借条是其在2014年前去澳门赌博向高某某朋友借的筹码，回珠海后向高某某出具的，涉案款项是高某某介绍其在澳门赌场向案外人借的筹码而确认的借款。

2. 本代理律师认为，高某某于 2008 年 4 月 3 日、8 日向刘某转账 1080 万元，后刘某向高某某还本付息共计 1383 万元，2014 年 4 月 3 日，刘某向高某某出具两份借条，是刘某对 2008 年 1080 万元借款尚欠本金的确认，而且，在刘某出具两份《借条》当天通过银行转账方式向高某某转款 10 万元用于归还 1080 万元借款，换言之，刘某就 1080 万元借款向高某某的还款行为一直延续到涉案《借条》签订之日，印证了高某某关于涉案《借条》为刘某对尚欠高某某借款本金的确认的主张。再者，涉案《借条》约定的利息为月息 2.5%，按此标准计算，自高某某出借款项的 2008 年 4 月 3 日至刘某出具《借条》的 2014 年 4 月 3 日，刘某尚欠高某某本金金额为 433.01 万元，与《借条》载明的 426 万元接近，且刘某在出具《借条》后，又陆续还款 40 万元给高某某，实际履行了《借条》的约定，亦证明了《借条》系双方当事人的真实意思表示，涉案《借条》为刘某对尚欠高某某借款本金的确认，刘某应依约向高某某返还借款本金 426 万元并支付相应的利息。

（二）关于争议焦点 2

1. 刘某与郭某辩称两张借条载明的借款 426 万元是几年前累积下来的赌债，并非真实借款。

2. 本代理律师认为，《最高人民法院关于适用〈中华人民共和国婚姻法〉若干问题的解释（二）》第二十四条第一款规定："债权人就婚姻关系存续期间夫妻一方以个人名义所负债务主张权利的，应当按夫妻共同债务处理。但夫妻一方能够证明债权人与债务人明确约定为个人债务，或者能够证明属于婚姻法第十九条第三款规定情形的除外。"案涉借款发生在刘某与郭某夫妻关系存续期间，郭某未提交证据证明涉案借款具有司法解释规定的除外情形，郭某应当对刘某的债务承担连带清偿责任。

三 │ 审理结果及理由

某某省高院判决：某某省高院撤销了原审二审判决和原审一审判决民事判决第三、第四项，维持原审一审判决第一、第二项及案件受理费负担部分，即刘某应当向高某某返还借款本金426万元以及利息，并驳回高某某的其他诉讼请求。

高某某关于其与刘某之间存在涉案借贷关系的主张能否成立的问题。某某省高院认为，高某某提供的证据的证明力明显大于刘某提供的证据的证明力，可以认定双方存在涉案借贷关系，本院依法对高某某的主张予以采信。涉案《借条》为刘某对尚欠高某某借款本金的确认，刘某应依约向高某某返还借款本金426万元并支付从2014年4月3日起至清偿之日、按照中国人民银行同期银行贷款利率四倍计算的利息，刘某在出具借条后向高某某支付利息40万元从尚欠利息中予以扣除。二审法院认定事实有误，应予纠正。

关于郭某应否对刘某的涉案债务承担连带清偿责任的问题。某某省高院认为，涉案债务虽然发生在刘某与郭某婚姻关系存续期间，但涉案借款金额巨大，高某某未能提供证据证明涉案借款用于刘某与郭某夫妻共同生活，对其关于郭某应对刘某的涉案债务承担连带清偿责任的主张，本院依法不予支持。

四 办案体会

在办理再审案件的过程中，再审申请应当重点关注原生效判决有错误的地方。再审程序作为一种纠错机制，应当把握程序设置的立法目的，立足于寻找原生效判决错误之处，而非以一种自由裁量权取代另一种裁量权的观点来提起再审申请，从而更好地把握和办理再审案件。

余某民间借贷一案

撰稿人：李伯侨、黄彦淘①

一 | 基本案情

（一）当事人和代理人基本情况

原告：余某

委托代理人：李伯侨，广东金桥百信律师事务所律师

　　　　　　黄彦淘，广东金桥百信律师事务所律师

被告：庄某钦、吴某芝

（二）案件基本情况

余某与庄某钦父亲是老朋友。

2014年4月，庄某钦因资金周转需要向余某提出借款，余某鉴于与其父亲的交情，在2014年4月23日至6月20日按庄某钦的要求向其指定的庄某丽、董某洁和庄某娜共计转账人民币380万元，其中2014年5月26日董某洁汇款归还100万元。2014

---

① 李伯侨，广东金桥百信律师事务所高级合伙人；黄彦淘，广东金桥百信律师事务所律师。

年6月23日，余某与庄某钦对上述借款进行结算并签署了第一份借条，载明庄某钦借款280万元。

2014年10月11日和13日，余某应庄某钦要求，再次向其指定的陈某生账户转入200万元。2014年10月17日，余某与庄某钦对2014年10月的借款进行结算并签署了第二份借条，载明庄某钦再次借款200万元。两份借条分别签署后，庄某钦均有指示他人依约按月支付利息。但从2015年2月起，庄某钦停止支付利息。经余某多次催讨，庄某钦仍然未依照约定支付利息，只是在2015年7月16日指示董某洁转账偿还了50万元。

余某与庄某钦在2017年2月28日签订了一份《还款协议》，对双方之前所有借款本息进行结算，确认共欠借款本金430万元，并约定若庄某钦在2018年6月20日之前还清430万元本金就免除其本应承担的违约责任（包括利息）。后至2019年5月一审诉至广州市某某法院，庄某钦均未有再偿还任何金额。

庄某钦、吴某芝为夫妻，至少在2004年8月至2019年5月期间存在婚姻关系。

2019年4月接受委托后，代理人前往法院立案，取得《补充诉讼材料通知书》，前往某某市公安局和某某市民政局查询被告身份信息和婚姻登记情况；申请《律师调查令》，前往某市房地产档案馆、某某市房地产管理局、某市公安局交通警察支队车辆管理所、中国证券登记结算有限责任公司某某分公司等地查询被告名下房产、车位、车辆、股票等财产情况，申请办理了诉讼财产保全；提交借条两份、580万元转账凭证五份、《还款协议》一份，诉请庄某钦、吴某芝共同偿还430万元借款及违约金，承担保全费、担保费和诉讼费。

（三）争议焦点

余某是否拥有对庄某钦430万元的债权，吴某芝是否应对上述债务基于夫妻关系而承担连带偿还责任。

二 各方意见

2020年3月下旬一审法院核心判决内容如下：

本案中原告就借款事实提交的证据中，银行转账凭证及涉案借条内容存在多处不一致的情况：1. 原告提交的银行转账凭证所载明多个收款人，但均非涉案借条所列借款人即被告；2. 原告提交的银行转账凭证中两笔转账发生于2014年4月及2014年10月11日，该两笔转账均发生在涉案借条所载明的借款期限之前；3. 原告提交的多份银行转账凭证显示原告累计向转账共580万元，该数额已经超过涉案借条所载明的借款数额。综上，原告提交的银行转账凭证与涉案借条显示的借款人、借款时间、借款数额均不一致，其两者不能相互印证，不足以证明原告向被告支付涉案借条所载款项480万元的事实。原告称被告向原告指定收款人姓名及账号，但该主张并不符合一般常理，原告对此亦未能举证予以证明，本院对此不予采纳。

因涉案借条及还款协议所载明的借款数额巨大，原告未能提交证据证明其确向被告庄某钦给付事实，本院对原告所主张的借款事实不予确认，对于原告就该借款事实要求被告庄某钦立即偿还借款并支付违约金的诉讼请求亦不予支持。因原告未能证明其与庄某钦之间存在真实的借款关系，故其主张吴某芝对庄某钦的债务承担连带责任理据不足，本院依法不予支持，故此，判决驳回原告余某的全部诉讼请求。

三 审理结果及理由

一审败诉后，代理人全面细致分析一审判决书所认定的下列错误事实并逐一更新论证和重组证据链提起上诉，坚持一审诉讼请求：

1. 针对"原告提交的银行转账凭证所载明多个收款人，但均非涉案借条所列借款人即被告"，回应如下：

（1）首先指出一审法院遗漏认定第二份《借条》明确约定了收款账号户名为陈某生，与余某2014年10月最后两笔转账凭证转入的陈某生账户吻合。

（2）指出现实生活中借款人借款后用于生意周转或归还第三方借款从而直接指定卖方或第三方直接收取借款的情况并不少见，并搜索提交同样由广州市某某法院审理并判决的庄某钦他案民事判决书中，该案中庄某钦同样指定收款人陈某生接收借款，对这一细节广州市某某法院并没有因为该案原告是将资金打入庄某钦指定的收款人账户而认定这种操作不符合一般常理，而是结合借条和转账凭证认定了借贷事实的存在。

（3）提交庄某钦通过董某洁于2014年5月归还了100万元的银行流水；提交董某洁在2014年5月至2015年1月均按月息1.7%对案涉5笔借款进行利息归还的银行流水（皮之不存，毛将焉附？如果没有借款事实的存在，怎么可能有庄某钦指示他人支付利息的行为）；搜索并提交某某法院他案判决显示庄某钦有向他人交付过借款的事实和操作习惯，再次论证并说服法官形成自由心证：虽然没有直接证据证明前三笔借款收款人是由庄某钦指定，但是余某主张案外人庄某丽、董某洁、庄某娜、陈某生系庄某钦委托的借款收款人，具有高度盖然性和操作习惯依据。

2. 针对"原告提交的银行转账凭证中两笔转账发生于2014年4月及2014年10月11日，该两笔转账均发生在涉案借条所载明的借款期限之前"，回应如下：

（1）首先，借款在前借据在后在实际生活中并非罕见，在潮汕地区多有如此操作或已形成惯例。

（2）搜索并提交同样是以庄某钦为民间借贷被告的另一案件某某市第一人民法院2018年的民事判决书，证明庄某钦在其他与本案情节基本类似的案件中，也出现了借款和转账均发生在《借条》所载明的借款期限之前的情况，且借条载明借款本金与转账金额也不一致，但是某某市第一人民法院结合事实情况仍对借款事实进行了认定。

3. 针对"原告提交的多份银行转账凭证显示原告累计向转账共580万元，该数额已经超过涉案借条所载明的借款数额"，回应如下：

（1）提交2014年5月董某洁转账100万元给余某的银行

流水；

（2）再次论证并强调不能完全割裂本案《借条》与《还款协议》之间的内在逻辑关系。提示孤立地从借款的收款人与借款人表面不符、借款与借据的时间表面不一致等去认定双方债权债务关系不存在的观点，有违以事实为依据的审判原则，犯了主观臆测的错误。

庭后我方提交了包含时间轴、不同收款人信息的可视化材料和代理词，便于二审法院更全面还原和掌握事实。

2020年11月某某中院二审核心判决如下：

1. 一审法院对余某一审诉讼请求查明有误，遗漏了余某一审当庭补充的第三项诉讼请求，本院予以纠正。

2. 余某向案外人庄某丽、董某洁、庄某娜、陈某生共转账支付580万元，董某洁向其转账还款100万元和50万元。余某主张经过扣减后，庄某钦向其出具480万元的《借条》和430万元的《还款协议》有一定依据。从另案生效判决可以看出，庄某钦存在委托庄某丽、陈某生支付或收取借款的交易习惯。况且，本案中2014年10月17日的200万元《借条》已载明收款账号户名为陈某生，与余某提交的转账流水相符。故余某主张案外人庄某丽、董某洁、庄某娜、陈某生系庄某钦委托的借款收款人，亦存在相应依据。自2014年5月至2015年1月，董某洁每月均准确地按照借款数额及固定1.7%的标准向余某支付利息，更加能够印证涉案借款事实的真实存在。

3. 综上所述，本院确认涉案借款关系真实存在，庄某钦尚欠余某430万元借款未还，一审法院认定有误，本院予以纠正。

4. 涉案借款金额高达数百万元，显然已超出家庭日常生活需要的范围，余某主张涉案债务为夫妻共同债务，应举证证明该债务用于夫妻共同生活、共同生产经营或者基于夫妻双方共同意思表示。余某对此未能举证予以证明，本院对其主张不予支持。

四　办案体会

（一）民间借贷即借款合同纠纷是较为高发的民事案件，但实务中具体个案的法律事实细节并不一定都是简单或经典的样态，而会有很多不同的具体情况。在没有直接证据证明某些待证事实细节时，提供全面、完整、尽可能充分的证据锁链，借助已生效的类案判决作为佐证，引用交易习惯或生活经验法则，有助于让法官认可相关代证事实的高度盖然性，从而形成有利于我方的自由心证。

（二）民间借贷案件中如何认定借款是夫妻共同债务是律师诉讼实务中的难点，也是合同纠纷和家事纠纷的竞合。代理人认为，除非是共签共认之债，否则债权人举证之债一般都不被认定为夫妻共同债务。债权人若主张属于夫妻共同债务，则需证明债务用于夫妻共同生活或者共同生产经营，或者债务系基于夫妻双方共同的意思表示。一般如购房购车、子女出国或私立学校等高额教育费用、大额医疗支出等共同生活所需；或举债用于夫妻公司的经营；或虽是夫妻一方单独从事生产经营的负债，但是所得利益归家庭共享，可被认定为夫妻共同债务。

实务中，法官一般根据借款的事实用途加以认定，而债权人一般只能阐述举债人在借款时所述的理由，对于实际用途的举证往往力不从心。像本案一审和二审，借款人或其配偶均故意不出席，致使法庭辩论与质证形同虚设，使得本案难以明确债务用途，存在配偶吴某芝摆脱了连带责任的可能。

（三）民间借贷案件一般法律关系比较简单，但是务必及时做好财产调查和诉讼财产保全，而且建议在撰写起诉状时即考虑和制定执行策略和方案，以便衡量诉讼请求倘若在胜诉后的可执行性和可操作性。实务中债务人若是老赖，则执行程序将面临不少困难。如本案还可能存在债务人恶意虚构债权、在不动产上设定虚假抵押的情况，涉及第三人撤销之诉、主张合同无效等一系列问题，需加以重视和考虑。

梁某合同纠纷一案

撰稿人：林细妹①

一 基本案情

（一）当事人和代理人基本情况

上诉人（原审原告、反诉被告）：梁某

委托代理人：林细妹，广东金桥百信律师事务所律师

李伟哲，广东金桥百信律师事务所律师

上诉人（原审被告、反诉原告）：庄某泽、吴某明

原审第三人：JH公司、MH家居公司、MH酒店公司

（二）案件基本情况

2014年1月26日，原告梁某（转让方）与吴某明、庄某泽（受让方）签订涉案《关于马场项目权益的转让协议》，约定，梁某将享有的JH公司、MH家居公司、MH酒店公司共3间公司（马场项目）的股权/权益转让给吴某明、庄某泽，转让价款为2000

---

① 广东金桥百信律师事务所合伙人。

万元。转让方应在2014年5月30日前完成股权转让登记所需的文件，受让方应在2014年5月30日前完成款项支付。逾期履约的按每日千分之一支付违约金。

2014年4月1日，梁某配合办理了MH家居公司、MH酒店公司2间公司的转让手续，因JH公司存在股权质押（银行贷款2.5亿元）无法办理股权变更手续。吴某明、庄某泽仅支付了其中200万元，余款到期未付。

2014—2018年期间，梁某多次催促要求尽快支付剩余款项，并要求吴某明、庄某泽尽快办理JH公司股权质押涂销手续以完成转让程序。2017年1月19日，受让方才把款项付完。

梁某认为吴某明、庄某泽逾期付款严重违约，遂提起诉讼。

（三）争议焦点

焦点1：庄某泽、吴某明是否需要向梁某支付逾期支付股权转让款的违约金以及违约金的金额是多少。根据涉案协议约定，庄某泽、吴某明应于2014年5月30日支付全部款项，逾期支付的按每日千分之一支付违约金，转让款于2017年1月19日才完成支付，梁某要求支付违约金的请求合法有理，但因约定过高，本院根据情况调整为同贷利率的4倍。

焦点2：梁某是否需要向庄某泽、吴某明支付逾期过户违约金及违约金的金额问题。由于庄某泽、吴某明未能提供担保办理股权质押变更手续，导致JH公司股权无法办理变更手续，在2014年5月30日前未能办理变更手续不能归责于梁某。股权质押于2017年7月25日涂销，但在2018年2月26日以前，庄某泽、吴某明未能向梁某提供符合涉案协议约定的转让资料，在此前未能配合签署办理有关程序也不能归责于梁某。2018年2月26日，庄某泽、吴某明提供了符合涉案协议的工商材料后，梁某仍拒绝签收，明显违反了约定。故梁某应从2018年2月26日起承担相应违约责任。

关于赔偿标准。在2014年5月30日，梁某已经完成另外2家的转让手续，基于协议内容，梁某对三家公司转让事宜所配合履行的义务是一致的，虽然三家公司转让所填写的金额不一，但各方均表示填写时未减少相关税费，不代表各公司股权的实际价值。故本院认为，根据公平原则，三家公司各占总价三分之一。鉴于梁某已经完成了两家的转让手续，因此认定违约金的计算基础为JH公司所占的666.66万元（2000万元/3个月），自2018年2月26日计算至2019年8月7日。

二 各方意见

上诉方（原审被告）观点：一审判决查明梁某违约不配合办理股权工商变更登记手续不是事实，自2014年9月始，梁某有向庄某泽、吴某明主张其支付股权转让款，但庄某泽、吴某明没有按约定支付转让款项。庄某泽、吴某明结清2.5亿元贷款时，梁某不知道贷款已还清，2017年10月庄某泽、吴某明向梁某送达的股权变更手续材料里，股权受让方是ZQ公司与合同约定明显不符，梁某拒绝在上面签名，而且金额没有依据合同约定。

被上诉人（原审原告）观点：无论JH公司由谁经营和管理，但股权未变更直接影响庄某泽、吴某明的权利以及造成损害。庄某泽、吴某明一审提交的证据，事实上，梁某并未在合同约定的时间2014年5月30日前提交工商变更材料并完成工商变更手续，从此之后，梁某故意拒绝办理。

二审法院观点：梁某与庄某泽、吴某明等人于2014年1月26日签订的《关于马场项目权益的转让协议》合法有效，对各方当事人均具有法律约束力，各方当事人均应全面履行。1. 梁某上诉要求庄某泽、吴某明依约按实际欠款数额分段计算支付违约金合法有理，但因约定过高，法院根据本案情况将违约金标准调整为中国人民银行同期同类贷款利率的四倍。2. 当事人未能在2014年5月30日前办理JH公司的股权变更登记手续是庄某泽、吴某明未依约促使变更登记条件成就所致，不能归责于梁某。3. 2018年2月26日之前庄某泽、吴某明所提供的工商登记变更资料中受让主体与涉案转让协议约定不一致，故梁某以庄某泽、吴某明所提供的工商登记变更资料不符合案涉转让协议约定为由，拒绝签收工商登记变更资料合法有理。庄某泽、吴某明于2018年2月26日提交了主体、金额均符合案涉转让协议约定的JH公司工商登记变更的相关资料，梁某此时仍然拒收上述资料，明显违反了案涉转让协议的约定，理应从2018年2月26日起承担相应的违约责任。梁某在本案二审期间才接收庄某泽、吴某明方提交的符合涉案合同约定的JH公司股权变更登记资料，且配合完成签字后交由本院。本院于2019年8月7日将上述资料送达给庄某泽、吴某明。至此，梁某全面履行了其协助办理JH公司工商登记变更手续的义务。虽然此后由于案外人其他股东的原因，梁某需要再次配合在新的资料上签名导致JH公司在工商部门变更手续的完成日期延后，但此责任并非梁某过错或者不配合而产生，不属于梁某应承担的违约责任。故本院认定梁某应承担的违约责任的截止日期为2019年8月7日。4. 本院依照公平原则认定MH酒店公司、MH家居公司以及JH公司各占涉案合同约定的股权转让总价的三分之一。

三 审理结果及理由

中院判决：一、撤销广州市某某区人民法院（2017）粤××××号民初××××号民事判决；二、庄某泽、吴某明自本判决送达之日起十五日内向梁某支付违约金；三、梁某自本判决送达之日起十五日内向庄某泽、吴某明支付2018年2月26日计算至2019年8月7日的违约金。

四 办案体会

林律师在二审阶段接受梁某的委托。经过与李律师研究分析，认为一审判决论述部分，明显有"和稀泥"的成分。为避免二审判决重复"和稀泥"，我方二位律师需要充分梳理案件的时间节点，将故事线详细向法院展示。本案案情不算特别复杂，可涉及的细节非常多，而且各方争议较大。虽然我方作为原告提起诉讼，但我方也涉嫌存在违约行为，稍有不慎，我方承担的违约责任甚至比对方更重。因此，需要对案件进行全面了解，充分了解履约的时间点，并且熟记各种细节，当法官需要了解某方面细节时，可以做到信手拈来。

赵某诉杭州某公司等网络服务合同纠纷案

撰稿人：蔡和、李来东①

一 | 基本案情

（一）当事人和代理人基本情况

再审申请人：赵某

委托代理人：蔡和，广东金桥百信律师事务所

李来东，广东金桥百信律师事务所

再审申请人：赵某

再审被申请人：杭州某公司

（二）案件基本情况

委托人赵某于2016年2月5日，通过厦门某公司旗下全资子公司——杭州某公司经营的域名交易平台金某网（××××××.cn），从一外国卖家处购买域名××××××.com，并支付了交易款355846.4元人民币（包含342160元域名款项和13686.4

---

① 蔡和，广东金桥百信律师事务所律师；李来东，广东金桥百信律师事务所合伙人。

元交易手续费）。

2016年8月18日，×××××公司（外国公司）以商标侵权为由向美国某法院提起诉讼，声称××××××.com被黑客盗取，现在为赵某所有。赵某收到邮件送达的起诉状及后续的诉讼材料后，向我所付费咨询，我所建议其应积极应诉。委托人赵某没有选择应诉，后美国法院缺席判决赵某败诉。

赵某意识到问题的严重性，与我所商量应对方案，后基于诉讼成本考虑，听从建议选择在国内起诉域名中介平台杭州某公司。

2017年4月28日，赵某委托我所向杭州某法院以网络服务合同纠纷案由提起诉讼，要求赔偿域名款及退还收取的佣金。

（三）争议焦点

争议焦点1：赵某与杭州某公司是否构成网络服务合同关系；

争议焦点2：杭州某公司是否存在过错而承担违约责任。

二 各方意见

（一）一审时各方意见或观点

杭州某公司辩称，1. 其在交易中是一个平台，提供资金监管服务，赵某向杭州某公司索要卖家信息情况下，2017年3月已经向赵某提供了卖家护照及联系方式，也出示了付款凭证，身份与卖家一致，杭州某公司已经向赵某提供了有效信息，不承担连带责任；2. 杭州某公司起到资金监管的作用，卖家与买家达成一致情况下打款至杭州某公司的平台，买家收到以后点击确认打款至卖家，域名交易完成的指令是由买家确认的；3. 赵某收到相关诉状的情况下没有及时应诉，美国法院才判决，并不是说域名来源有问题，而是涉及商标权的纠纷，是赵某的责任；4. 赵某当时买域名是作为投资的，购买域名使用过程中出现恶意，属于侵权。当时购买域名花费30多万元，现在域名价值没有那么高，目前交易19万元不到，赵某主张过高。

厦门某公司辩称，1. 根据法人有限责任原则，其不需要对本案承担民事责任，其是于2016年3月3日收购杭州某公司的，而涉案域名交易是在2016年2月7日完成的。其对赵某与杭州某公司之家的纠纷并不知情，也并未参与该笔交易，更不知道卖家相关信息。杭州某公司为厦门某公司的全资子公司，各自独立承担责任。2. 根据合同相对性原则，其并非本案适格被告。赵某的请求权基础是合同之诉，厦门某公司并非合同相对方，并非本案适格被告。3. 涉案域名从厦门金某网转入至转出并无主观过错。

（二）二审时各方意见或观点

杭州某公司上诉称：一、一审对交易是否完成、上诉人是否尽到合同义务认定不当。案涉交易已经完成，赵某确认收到域名。赵某一审起诉状中载明交易过程，并认可交易完成，故对被上诉人提出的"如果交易因为某些原因无法正常完成，卖家将获得全额退款，而卖家也不会失去域名"这一格式条款的理解不存在争议，不应适用《合同法》第四十一条的规定。如果案涉域名交易未完成，赵某就不会收到美国法院的诉状、判决等，其提起本案诉讼也说明案涉交易已经完成。上诉人已经完成全部合同义务并尽到审查义务，包括对卖家会员的实名认证、向被上诉人提供卖家在平台注册时提供的护照照片，案涉域名也实际转让给了买家，说明卖家之前实际持有域名。二、一审适用法律错误。一审适用《合同法》第一百五十条不当。上诉人并非出卖人。案涉交易已经实际完成，赵某实际取得了案涉域名，故上诉人已经履行了合同义务，本案不适用前法第一百一十三条、第一百二十一条的规定。本案双方对交易完成与否不存在争议，故对格式条款内容"如果交易因为某些原因无法正常完成"不存在理解分歧，即便存在分歧，也可以按照通常理解解释，即赵某已经实际取得案涉域名，交易已经完成，无须作出对上诉人不利的解释。《中国互联网域名管理办法》第三条、第二十四条、第三十条是针对域名注册管理机构或域名注册服务的条款，上诉人并非域名注册管理机构，也未提供域名注册服务，不适用该办法。综上，上诉人杭州某公司请求二审法院撤销一审判决第一项，改判上诉人无须向被上诉人承担任何经济责任，被上诉人承担一审、二审诉讼费用。

被上诉人赵某答辩称：一、案涉交易未完成也不可能完成，上诉人未针对交易完成的标准进行说明，交易是否完成应由法院查明而非平台以格式条款定义。被上诉人在起诉时只是如实陈述交易过程，但在举证、质证及代理词中均明确表示案涉交易未完成。根据被上诉人一审提交的美国法院的诉讼材料可见，案涉域名属于美国某公司所有，有黑客进入该公司邮箱盗取并转移了该域名，该域名属于赃物，被上诉人不可能构成善意取得。上诉人单方在平台设计的交易完成进程，属于格式条款，交易是否完成应以实际交付状态为准，案涉域名并未解析，被上诉人未得到实际域名，故交易未完成。其他电商平台当买家提出退换货时，交易状态变为订单取消或无效，退货完成时交易状态变为交易完成，退换货不是新的交易，在交易完成范围内。大型电商平台都将产品质量问题包括在交易范围内，有质量异议不算交易完成。二、上诉人单方作出的格式条款分为两个部分，一个是因某些原因交易无法完成，买家获得全额退款，另一个是平台同时保护买家和卖家的利益，确保任何一方不受损失。交易完成的通常解释应为买卖双方没有太多争议，否则一方获利对方蒙受重大损失，许多电商平台均将交易完成的标准定义为产品质量纠纷处理完毕，故本案仅能做出不利解释，即交易未完成。平台同时保护买家和卖家利益，确保任何一方不受损失，这并未说明售后问题或产品质量问题不受保护，即便交易已经完成，上诉人也应履行承诺。确认被上诉人利益不受损。三、上诉人引诱交易。自坏规则，从中获利，其作为平台具有高度注意义务，为合法提供卖家信息，未履行合同重大义务，导致被上诉人无法通过其他方式维权，应承担相应责任。四、一审引用《合同法》第一百五十条正确，本案双方系网络服务合同关系，可以适用该法第一百一十三条、第一百二十一条的规定。上诉人认为本案是居间合同纠纷，但在一审时没有提出任何异议，一审法院也没有更改案由。被上诉人认为本案也有居间的性质，但是根据案情，本案更符合网络服务合同纠纷的性质和特点。被上诉人本来要起诉卖家，但是卖家护照涉外，一审法院建议被上诉人到杭州中院处理，被上诉人在杭州中院是以上诉人为被告起诉网络服务合同纠纷，杭州中院认为没有达到中院受理涉外案件的标的，结果移送到互联网法院，也就是本案一审。综上，被上诉人赵某请求二审法院驳回上诉，维持原判。

原审被告厦门某公司书面答辩称：根据法人有限责任原则，厦门某公司无须对本案承担民事责任。根据全国中小企业股份转让系统信息披露的数据可知，厦门某公司于2016年3月3日收购杭州某公司，案涉域名交易于2016年2月7日完成，故厦门某公司对此不知情，也未参与，更不知道卖家的相关信息。杭州某公司作为厦门某公司的全资子公司，但根据《公司法》第十四条第二款的规定，母子公司法律上相互独立，责任自负，故赵某要求厦门某公司为杭州某公司承担连带责任缺乏依据，也没有证据证明二者人格混同。两家公司有各自独立的工作人员和机构，财务独立，经营方式和理念也不同，不存在人格混同。

三 审理结果及理由

（一）一审判决结果及理由

一审法院认为双方电子签订了某注册协议，从内容判定双方构成网络服务合同法律关系，而非被告主张的资金监管关系。同时认定被告作为专业的域名交易平台，没有对卖家信息进行实名认证，没有对案涉域名进行审查，即没有尽到谨慎的注意义务，案涉交易并未完成，因此判决支持原告诉请，2019年5月16日，判决杭州某公司返还全部域名款及收取的佣金。

（二）二审判决结果及理由

二审法院认为已进行实名认证，且没有审查域名状态的合同法基础，交易已经完成，故判决撤销一审民事判决，驳回赵某的诉讼请求。

四　最终结果

后赵某的代理人向某某省高级人民法院申请再审，经过开庭，某某省高院作出（2020）×民申××××号提审裁定书，杭州某公司主动联系，提出以两个域名的代价和解，并给出了多种方案，目前双方当事人已在法院的主持下达成和解，为期五年的涉外域名案宣告终结。

五　办案体会

1. 涉外案件的办理，通常需要与国外律师事务所联合办案，涉外律师应积极学习国外法律，运用"国内"与"国外"二个思维，及时给当事人最专业法律建议，让其作出最有利、最高效的选择，从而节约诉讼成本，达到良好社会与法律效果。

2. 本案既是涉外案件（卖家在国外），又是涉知识产权案件，法律关系较复杂，要求对《合同法》《经济法》等部门法中的法律与司法解释熟练运用，还要求有一定的行业经验，要打动法官，需要找到"硬伤"，比如本案中的"卖家认证已拒绝"、有关网站上的具体承诺（"我们同时保护买家与卖家利益"）等。对国外的判决，必要时可以让外国律师作为专家证人，最有效地推进案件审理。

3. 本案一审主审法官为审理小猪佩奇著作权侵权案的叶某男法官，在庭后与其沟通时，也曾表示过审理的难处，同为法律职业共同体，就案件本身发表合理意见，是良性互动；二审庭后，法官希望双方能调解，代表人赞同二审法官的"责任比例说"。再审法官负责的态度超过想象，对争议的焦点进行了梳理，充分发表观点，庭询从9点至11点结束，做诉讼一定要坚持到底！

4. 本案一波三折，先是由于当事人的侥幸心理，选择不应诉，在美国法院败诉，考虑到诉讼成本，没有选择美国法院进行上诉，而听从我所律师建议，选择在国内起诉，一审法院果然支持了当事人的诉请，案件得到第一次"跨国逆转"。比较有意思的是，二审法院认定的事实与一审法院完全相反，从而判决委托人败诉，案件"被逆转"。委托人提起再审后，代理人针对二审中的适用法律有关"硬伤"进行绝地反击，最后某某省高院作出提审的裁定，案件历时五年，"再被逆转"。再审被申请人基于案件综合考虑，提出了"加倍补偿"和解方案，双方最终握手言和。

赵某轩与DJ公司合作租赁纠纷再审一案

撰稿人：何力新、陈小茗①

一 | 基本案情

（一）当事人和代理人基本情况

再审申请人：赵某轩及其关联公司

委托代理人：何力新，广东金桥百信律师事务所律师

陈小茗，广东金桥百信律师事务所律师

被申请再审人：DJ公司

（二）案件背景及连环案件基本情况

1. 2011年9月28日，申请人赵某轩与被申请人DJ公司签订一份《SENSOR项目合作协议书》，该协议约定被申请人以现有工序的厂房、静房、设备及附属设施入股，占50.1%，申请人赵某轩以电容SENSOR的市场、技术、工艺和为了SENSOR生产添加新的设备及净化改造设施入股，占49.9%。双方的合作在

---

① 何力新，广东金桥百信律师事务所合伙人；陈小茗，广东金桥百信律师事务所律师。

2012年初终止，由于被申请人DJ公司不再提供营业执照和公章，申请人赵某轩之后就变由申请人关联公司每月交5万元租金的方式在延续合作项目的工作，但双方未签订书面的协议，后被原审法院认定为事实租赁关系。

涉案场地的租赁情况为：2011年3月22日，业主BF公司将物业出租，出租人处空白，租赁期限为2011年3月1日至2014年2月29日，供电、供水、电梯使用三份合同的乙方均为空白；2011年3月25日，业主与CS公司签订一份《租赁合同补充协议》，可见前述承租人空白处的租赁人应为CS公司。上述租赁合同资料均由被申请人提交以证明其租赁资格。另，根据业主与CS公司的《供电合同》，约定电费保证金仅为5万元。

2.2013年5月16日，案外人CS公司向申请人关联公司发出通知要求交纳水电押金30万元，申请人认为被申请人与业主的合同水电押金仅5万元，双方既没有签订书面的租赁合同，也没有口头约定，交押金的理由不合理，申请人也无能力交纳，双方为此产生纠纷，关系恶化。

3.2013年5月20日，DJ公司和CS公司以申请人关联公司没有交纳水电押金为由停止了电力供应，导致了申请人关联公司生产经营的不正常。经过报警、与业主等多方协商未果，不仅停电，还阻挠申请人员工和货物的出入，无法生产和经营，被迫停业清算，申请人遭受了重大经济损失。

4.2013年7月8日，申请人赵某轩对被申请人提起诉讼，案号为（2013）某×法民二初字第××××号，请求解除合作关系，要求被申请人承担合作期间产生的费用，并要求各自处理办公及机器设备（该项请求，不知何故被当时的代理人划掉）。2014年4月28日，一审法院认为双方在2011年12月的合作关系解除，双方构成事实的租赁关系。申请人提起上诉，2015年3月10日，市中院以（2014）某中法商终字第××××号案维持一审判决。

5. 2013年8月28日，申请人对案外人CS公司提起诉讼，案号为（2013）某×法某民初字第××××号，请求解除租赁关系，无需承担2013年5月20日产生的费用，并要求赔偿经济损失25万元。2014年3月10日，经过第一次开庭后法院追加DJ公司为被告。后因申请人当时的代理人贻误了第二次开庭，2014年8月22日，法院裁定案件按撤诉处理。申请人赵某轩是在2015年才获悉该案的结果。

（三）本案一、二审的情况

2014年2月22日，被申请人DJ公司对申请人提起案号为（2014）某×法某民初字第××××号的诉讼，主要请求为判令申请人支付厂房使用费55000元/月、变压器增容费15311元/月，自2013年8月1日直至将其设备搬离之日止。

2015年12月10日一审法院作出判决，认为申请人与被申请人签订《SENSOR项目合作协议书》后，在2010年底前后就不再合作，改为申请人每月向被申请人交付5万元的厂房设备使用费，即双方已经形成房屋租赁关系【（2014）某中法商终字第××××号民事判决已生效】。赵某轩自2013年6月就没有缴纳租金，赵某轩的机器设备一直占用涉案租赁物直至2015年3月31日，故一审判决赵某轩及关联公司支付2013年6月至2015

年3月期间占用使用费110万元。申请人不服，提起上诉，认为双方并未签订合同约定每月支付5万元的租金，赵某轩在案号为（2013）某×法民×初字第××××号案开庭时就明确提出先搬走机器设备，后面费用双方再结算，DJ公司不同意，两年的租金不合理，不是不想搬，是不让搬；此外，申请人使用的设备也有CS公司的，不应申请人全部承担，赵某轩只是法定代表人，列为本案被告不适格；DJ公司不是物业的转承租人，承租人是CS公司，被申请人也不是合格的原告。

被申请人DJ公司辩称：DJ公司的注册地就在涉案场地，是委托CS公司出租管理，原告主体资格合格；赵某轩是以个人身份与DJ公司合作，交来的租金也是以个人名义，赵某轩又是关联公司的法人代表，与关联公司构成共同的承租人。

2016年6月30日某市中院作出（2016）粤××民终字第××××号民事判决，法院认为：另案（2014）某中法商终字第××××号民事判决已经认定双方之间的合作关系已经变更为房屋租赁合同关系，赵某轩每月向DJ公司支付5万元作为使用DJ公司厂房、设备的使用费。之后又以关联公司的名义对外经营，一审认定DJ公司与赵某轩及其关联公司存在租赁合同关系，认定正确，故按照双方之前约定的每月5万元的标准认定房屋占用费，于法有据。赵某轩提出（2013）某×法民二初字第××××号案开庭时曾提出搬离机器设备，经核查两次开庭笔录，赵某轩均未在该案开庭提出上述要求，故驳回上述，维持原判。

案件判决生效后，DJ公司申请执行，赵某轩被列为失信人。作为拥有专利技术的高级技术人员，由于与DJ公司的合作不顺，投资上千万元的项目，血本无归，机器设备被DJ公司控制不能搬离，反而要承担所谓的场地占用费，真是哑巴吃黄连，一边又要忙于重新创业，但被该案困住，出行不便、急火攻心、心力交瘁，不得不提出再审申请。

二 | 本案的争议的焦点

本案的焦点实质上有三个：第一，双方合作合同变更为租赁合同后，租金针对的标的范畴；第二，赵某轩及其关联公司占用DJ公司场地的原因；第三，赵某轩应否成为本案的被告，即租赁合同的利害关系人。

三 | 各方的观点

根据前述本案两审的判决，申请人赵某轩的观点就是认为租赁合同无效，按5万元/月计租不合理，且不是不想搬，是不让搬，但提供的相关证据并不充分（二审开庭后补充有关报案证据，但案件都已审理完毕）。赵某轩认为引进关联公司经营后，场地的事由人应该变更为公司，其个人不应成为本案的被告。

原两审法院的判决的观点就是DJ公司的观点，认为合作关系变更为租赁关系后，5万元/月的租金就是场地租金，按每月5万元计租是天经地义；赵某轩及其关联公司占用DJ公司场地的原因仅是简单提及，法院也未认真审查，加之赵某轩在二审提及在另案有过相关搬离的陈述不实，那么判决赵某轩承担占用场地费也就天经地义；赵某轩一开始就是合作合同的主体，合作演变为租赁关系，赵某轩自然延续相关主体责任。

四 本案再审审查及再审情况

（一）本案再审审查情况

2016年，赵某轩提起再审申请，委托本律师办理再审申请的代理工作。经过研阅案号为（2013）某×法某民初字第××××号和（2016）粤××民终字第××××号两审裁判文书和案卷资料，又调阅两个关联案件——案号为（2013）某×法某民初字第××××号和（2013）某×法民×初字第××××号案的一、二审的全部卷宗。针对涉案的焦点问题提出以下的申诉意见：

1. 租赁标的不但只有厂房，实际还包含被申请人的设备，原审按5万元计算场地占用费是与事实不符，导致判决错误。

其一，从2011年9月28日申请人与被申请人签订的《SENSOR项目合作协议书》约定的入股条件可以看出，被申请人以现有工序的厂房、静房、设备及附属设施入股，占50.1%，申请人赵某轩以电容SENSOR的市场、技术、工艺和为了SENSOR生产添加新的设备及净化改造设施入股，占49.9%。双方的合作在2012年初终止，由于被申请人不再提供营业执照和公章，申请人赵某轩之后就变由申请关联公司每月交5万元租金的方式在延续合作项目的工作，但双方未签订书面的协议，后被法院认定为事实租赁关系。虽然合作关系转为租赁关系，但双方约定入股的标的并未变化，申请人租赁标的既包含厂房，也包含被申请人的设备。其二，在申请人对案外人CS公司提起诉讼《案号为（2013）某×法某民初字第××××号》第一次开庭笔录中申请人对法官问道"厂房、设备是谁的？"申请人的代理人答道"厂房是纯某一号的，设备是点某公司的"，由此可见，5万元租金对应的标的并不是原审法院简单认定全是针对厂房，而且5万元对应厂房和设备具体的比例并未明确。那么，原审按5万元计算一年多的场地占用费就明显不公，即使要计算，也应剔除对应被申请人提供的设备和附属设施的份额，因为这一部分在申请人不能进入现场后，被申请人自然接管和占有，不应再对该设备设施收取费用。而且2013年7月8日申请人赵某轩对被申请人提起诉讼，案号为（2013）某×法民二初字第××××号，请求解除合作关系，实际上就包含对被申请人提供设备设施的放弃使用。

2. 本案纠纷的起因是本案被申请人出于赶走申请人关联公司的目的，故意刁难，让关联公司在短期内交纳30万元的水电押金（而其与BF公司签约要交的押金仅为5万元）。在关联公司未同意的情况下，强行停水停电，并阻扰关联公司员工进厂工作，不允许关联公司继续使用涉案厂房。为此，申请人在二审时提交了《关于三楼厂房水电押金的催缴通知》、有关停电通知、关联公司向沙井派出所报警、报警笔录、调解录音光盘、证人证言等材料能证明前述事实。在CS公司的场地内，申请人关联公司完全是弱势的一方，要搬出设备，靠自力是无法解决的，加上生产停顿无法正常运转，导致连环的索赔，资金链的断裂，员工断炊，只有进入内部清算，遗留的设备还会引发冲突。即使在CS公司从涉案场地搬迁，对申请人关联公司设备的处置也未告知，设备也不知所踪。从纠纷的发生和发展，到最后设备的处置的过程来看，该事实归结为一点，CS公司完全可以为所欲为，申请人的设备到底是何时被其处置，只有CS公司知道。因此，在这种背景下，对申请人关联公司来讲，这种占用是毫无意义的，若CS公司认为场地影响其生产，完全可以事先处理，若存有对CS公司的损失，完全属于扩大的和可以避免的损失，出租人也应承担相应的责任。

3. 连环案可以证明赵某轩主张搬离场地。

就中院对申请人赵某轩在（2013）某×法民×初字第××××号开庭时提到曾要求先搬走机器设备的说法上予以否定。而事实是这样的，申请人在该案的诉状中有第4条请求：要求各自处理办公及机器设备。但在外地的一个律师助理代为办理起诉立案时，不知何故被代理人划掉，造成申请人一直有这一请求的印象。虽然如此，但申请人在2013年8月28日，申请人对案外人CS公司提起诉讼，案号为（2013）某×法某民初字第××××号，已经明确请求解除租赁关系。这一请求实际与要求搬走设备是异曲同工，本质上是一致的，就是解除双方的关系，其延伸就是设备的处理。由于法院未全面掌握连环案件的情况，错误认定申请人有放任占有场地的主观故意。事实上，申请人的意思表示已经非常清楚地表达了要终止场地的一切关系，而且是通过司法渠道公开向被申请人及其关联公司表达的。

4. 本案遗漏必要共同诉讼人 CS 公司，申请人不是适格原告。

首先，在租赁关系法律文件方面来看，根据被申请人提供的《房产租赁合同书》《供电合同》《供水合同》《电梯使用合同》《租赁合同补充协议》《合同终止协议》上的承租人均写明和印证的主体是 CS 公司，而且这是涉案期间场地从承租到解除一个链条下来，涉案场地承租人就是 CS 公司。

其次，在对申请人租赁关系方面来看，水电费催收通知、租金的收取等证据，清楚地表明是 CS 公司的所为，关联公司承租后一直是向 CS 公司交纳租金及水电费。

5. 赵某轩不是本案次承租人，不是适格被告。

原审法院简单地以申请人赵某轩与被申请人点某公司的合作关系解除，变成租赁关系，就简单地认为赵某轩延续了合作关系，法律关系变化，但主体身份不变，这是完全错误的：

首先，赵某轩与点某公司的合作公司签有合同，是合作公司的主体，后来点某公司并未履行合作协议，或合同并未生效，但不能以合作协议来推定赵某轩就是涉案租赁物的使用人。因为，涉案场地的法律效力的承租人是 CS 公司，租赁关系只能与 CS 公司发生，合作关系的主体无权出租场地，这种法律关系的变化，是会带来主体的变化，不是简单以为延续就是什么都不变。

其次，正是因为合作关系不能为继，被申请人的营业执照不能使用，赵某轩必须以公司的名义经营就从关联公司调来了工作人员，以关联公司对外签单、招用员工，涉案租赁物其实是关联公司的一个办公地点。CS 公司催收租金、水电费的对象都是关联公司而不是赵某轩，租金水电费用也是通过关联公司的财务支付的，而不是赵某轩的个人行为。赵某轩在租赁合同关系里，自始至终履行的都是职务行为，故其不应该成为本案的被告。

最后，按照逻辑的同一律，涉案的承租人本应就是CS公司，但被申请人写一个委托书，就可以替换承租人的身份，而两申请人反复强调次承租人是公司不是个人，却不被认可。

6. 关键是赵某轩的设备已被DJ公司处置，实际还涉及另一民事侵权行为。

申请人认为，本案是案中有案，并非简单的租赁纠纷；原审判决主要事实不清，依据不足，随意扩大损失范围；认定诉讼主体严重错误，逻辑混乱；适用法律严重偏差，不公不正，属于典型错案。

省高级法院经过审查，2017年5月4日作出（2016）某民申××××号民事裁定书裁定：一、案件由高院提审；二、中止原判决的执行。

（二）再审情况

2018年6月26日，该案再审一案开庭审理。在庭审过程中，被申请人DJ公司主动提出调解，方案为：一、DJ公司放弃案号为（2014）某×法某民初字第××××号民事判决项下的权利，并与2018年7月20日前向执行法院撤回执行申请；二、赵某轩和关联公司不得以任何其他理由对DJ公司和CS公司追究任何法律责任。

法院予以准许，并作出（2017）某民再××××号民事调解书。本案就此画下圆满的句号。

五 | 办案体会

众所周知，再审申请能进入再审案件门槛极高，能成功的是凤毛麟角，基本前提一定要是错案，而且错案不是瑕疵性的错误，应该是整体性的错误。本案就是这样一个案件，被申请人与赵某轩签订合作协议，被申请人又不履行，导致申请人关联公司向CS公司租场地经营。CS公司突然要求关联公司交纳高额押金。CS公司的这一要求属于变更合同内容，需要双方协商一致同意。但其在关联公司未同意的情况下，强行停水停电，并阻挠关联公司进厂正常上班，导致关联公司亏损严重，被迫清算。因此本案的肇事者和过错方明显是被申请人关联的CS公司，但在处理租赁纠纷案件中根本没有反映案件的原貌，未全面调查申请人及关联公司不搬设备的背景和原因，不分青红皂白就被判决要求支付占用费，放纵违约人，对受害人造成再次的伤害，严重失衡。申请人严重不服，怨气难抒发，容易引发极端事件。

但是前述的背景为什么在原审得不到呈现，这就涉及当事人的原因，赵某轩这边当时内外交困，忙于应付DJ公司，又要应付自身人员遭丧、客户的投诉，最后不得不清盘，经济能力极差，只有找了非专业的代理人办理业务。该收集的证据未收集，该阐述的观点没阐述，甚至开庭还缺席。法院只能以当事人提交的证据和阐明的观点审理案件，以证据优势原则认定案件事实判处案件，两审败诉实属正常。而再审成功的总体体会有如下几点：

第一，应将涉案及关联案件的材料全部收集完整，这样才能揭示和恢复案件的背景和原貌，找出案件的焦点问题。

第二，细心地研究原审判决的认定逻辑和理由，找出关键性的错误。原审法院将5万元租金想当然地理解为场地租金就是一个关键性的错误认定。5万元是基于双方合作合同的延续，当时合作场地中的设备大部分是DJ公司的，支付5万元是包含场地和设备的租金，赵某轩的设备只占小部分，与此相对应，赵某轩占有场地也是小部分。两审法院没注意这一区分，赵某轩及其代理人也未注意这一细节，就将设备项下的场地全部视为申请人占有。所以说，即使撇开被动占有的原因不说，计算占有费的标准就存在根本性的错误。

第三，再审案件涉及大量应该补充收集新证据和新材料，还需要当事人的配合。

第四，本案为什么再审时能够调解结案，且是被申请人主动提出，原因有两点：一是案件进入再审，就意味着原审有问题；二是DJ公司是当事人，对事件的起因、过程和各自的作为心知肚明。在原审案件审理过程中避重就轻，隐瞒真相，属于当事人诉讼中自我利益的保护，但也深知擅自处理赵某轩的设备还留有赔偿隐患，在此情形下，调解对双方都是最好的结果。

设立人为设立法人以自己的名义从事民事活动产生的责任由谁承担？

撰稿人：林敏珊、陈传捷 [1]

一 基本案情

（一）当事人和代理人基本情况

上诉人：陈某勇、YL公司、TD酒吧

委托代理人：林敏珊，广东金桥百信律师事务所律师

　　　　　　陈传捷，广东金桥百信律师事务所律师

被上诉人：陈某利、陈某妹、刘某慧、张某斌、单某鹏

（二）案件基本情况

2012年10月，单某鹏为开酒吧以个人名义分别向陈某利、陈某妹、刘某慧、张某斌租赁某商业街商铺，后将全部商铺打通，作为酒吧场所。单某鹏租赁商铺后与何某锋、梁某安一起注册YL公司，作为经营酒吧的主体，单某鹏还单独注册个人独资企业TD

---

① 林敏珊，广东金桥百信律师事务所合伙人；陈传捷，广东金桥百信律师事务所律师。

酒吧，用于场地内经营餐饮。YL公司与TD酒吧工商登记分别使用单某鹏租赁的不同商铺地址。在酒吧营业过程中，YL公司未对单某鹏签订的租赁合同进行确认，单某鹏一直以个人账户缴纳租金。

2018年初，单某鹏因酒吧经营不善，找到关某和蓝某平入股投资，关某和蓝某平投资后发现酒吧债务累累，不愿意接收股份办理工商变更登记。2018年9月，单某鹏在YL公司原股东梁某安、何某锋和新投资人蓝某平不知情的情况下，通过中介非法进行工商变更登记，将关某和蓝某平变更为YL公司的股东，关某变更为YL公司的法定代表人。TD酒吧的投资人由单某鹏变更为关某。

2018年10月，单某鹏因欠租，房东陈某利、陈某妹、刘某慧、张某斌联合发出通知，限期交租，否则停水停电。单某鹏未在要求期限内交租，酒吧被停水停电，被迫停止营业。后陈某利、陈某妹、刘某慧、张某斌提起一系列诉讼，将单某鹏、YL公司、TD酒吧、梁某安、何某锋、关某、蓝某平列为共同被告，主张YL公司、TD酒吧、梁某安、何某锋、关某、蓝某平对所欠合计300多万元租金承担连带清偿责任。

（三）争议焦点

本案中承担支付租金的主体是谁。

二 | **各方意见**

一审：首先，依据《商铺租赁合同》载明的内容可知，单某鹏租赁涉案商铺的用途是用于经营酒吧，且租赁后实际上也将上述租赁房屋用于经营TD酒吧，TD酒吧为个人独资企业，根据《个人独资企业法》第十三条"个人独资企业的营业执照的签发日期，为个人独资企业成立日期。在领取个人独资企业营业执照前，投资人不得以个人独资企业名义从事经营活动"以及《最高人民法院关于适用〈中华人民共和国公司法〉若干问题的规定（三）》第二条"发起人为设立公司以自己名义对外签订合同，合同相对人请求该发起人承担合同责任的，人民法院应予支持。公司成立后对前款规定的合同予以确认，或者已经实际享有合同权利或者履行合同义务，合同相对人请求公司承担合同责任的，人民法院应予支持"的规定，并结合现场勘察的情况，单某鹏是合同的签约方，也将本系列案的商铺打通统一用作经营酒吧，TD酒吧作为个人独资企业享有了相应的权益，因此单某鹏与TD酒吧应当承担相应的支付租金的责任。其次，如上文论述，TD酒吧是承担租金支付的主体故根据《个人独资企业法》第三十一条"个人独资企业财产不足以清偿债务的，投资人应当以其个人的其他财产予以清偿"的规定，TD酒吧作为个人独资企业，当个人独资企业不足以清偿债务时，其投资人应当以个人财产承担责任。本案关某承接了TD酒吧，结合关某与单某鹏之间签订转让协议中明确约定债权债务已经核算清楚，故关某作为变更后的投资人，其亦应当在TD酒吧的财产不足以清偿债务时，应当承担责任。由于YL公司和TD酒吧均无法证明其在酒吧现场具体占用的面积位置，也无法证明YL公司在其他场地经营，故综合上述情况，应是单某鹏租赁本系列案商铺后综合使用开办TD酒吧、YL公司，两者场地存在混同。故不能简单地根据工商登记注册的商铺面积来确定其应付租金的对象及金额，故 YL 公司应对本系列案所涉及的商铺租金、占用费、违约金承担共同支付责任。

二审:《民法总则》第七十五条规定，设立人为设立法人从事的民事活动由法人承受；设立人为设立法人以自己的名义从事民事活动产生的民事责任，第三人有权选择请求法人或者设立人承担。本案中，单某鹏以自己的名义与出租人就涉案商铺签订了《商铺租赁合同》，之后在涉案商铺上设立了 YL 公司，根据上述规定，出租人有权选择 YL 公司或者单某鹏承担责任，依据出租人提出的诉讼请求，可以认定出租人选择了单某鹏作为承责主体，故其要求 TD 酒吧、YL 公司、关某承担连带责任没有法律或合同依据。

三 审理结果及理由

一审:由于 YL 公司和 TD 酒吧均无法证明其在酒吧现场具体占用的面积位置，也无法证明 YL 公司在其他场地经营，故综合上述情况，应是单某鹏租赁本系列案商铺后综合使用开办 TD 酒吧、YL 公司，两者场地存在混同。综上，单某鹏、YL 公司、TD 酒吧共同支付所欠租金，关某在 TD 酒吧财产不足以清偿债务时，承担偿还责任。

二审:单某鹏以自己的名义与出租人就涉案商铺签订了《商铺租赁合同》，之后在涉案商铺上设立了 YL 公司，根据上述规定，出租人有权选择YL公司或者单某鹏承担责任，依据出租人提出的诉讼请求，可以认定出租人选择了单某鹏作为承责主体。综上，单某鹏承担欠付租金的清偿责任，驳回其他诉讼请求。

四　办案体会

本案是关某在一审判决并提起上诉后才进行委托，由于关某是因为变更为YL公司的股东和TD酒吧的投资人，才陷入本案当中。因此为了关某的利益，我们同时作为YL公司、TD酒吧的代理人。力争让YL公司和TD酒吧都脱离支付责任。本案的难点在于主体关系错综复杂，稍有不慎就容易被认为是共同责任主体，因此厘清主体关系，进而正确适用法律规定非常重要。

本案的逆转体现在两个方面：

二审案件受理费。关某委托的同时还带来了另一个难题——二审诉讼费。根据关某已经提交的上诉状，法院开出的诉讼费用合计约18万元。关某表示其因投资酒吧，资金紧张，目前无法缴纳该费用。而上诉后不缴纳诉讼费将面临按撤回上诉处理，一审判决生效的严重后果。经过研究，发现一审判决中其中的一个判项是解除《商铺租赁合同》，该判项对于关某、YL公司、TD酒吧来说，是没有异议的，而原来的上诉状在提出上诉请求时，要求撤销原审判决全部内容，其中就包含了解除合同。因此计算诉讼费以合同总标的计算。鉴于此，我们立即向法院提交缓交诉讼费申请，同时在研究了案件材料后，向法院提交变更上诉请求的书面申请和以新的上诉请求重新计算诉讼费的书面申请。最后一审法院以新的上诉请求重新计算诉讼费，合计不到3万元。

法律规定的适用。在研究了案件材料之后，发现如果套用一审法院适用的《最高人民法院关于适用〈中华人民共和国公司法〉若干问题的规定（三）》的规定，YL公司、TD酒吧确实使用了场地，很容易被认定为享有合同权利，虽然司法解释没有明确规定可以要求承担连带责任，但根据该规定确实可以请求其承担责任，容易被顺理成章地认为是共同承担责任。所以案件的突破点需要从法律适用方面入手。经研究发现《民法总则》中对该问题有进一步的明确规定，因此提出适用《民法总则》规定，出租人不能同时要求设立人和法人共同承担责任，需在两个主体中选择一个。最后由于出租人没有明确作出选择，因此二审法院根据出租人起诉的请求及证据认定是向单某鹏主张权利，YL公司、TD酒吧及关某无需对欠付租金承担责任。

本案中关某在投资时没有对酒吧先进行尽职调查，不了解酒吧的对外债务情况，导致埋下了两个隐患：一、关某虽然出资投资酒吧了，但手续不规范，并没有进行验资，而是将资金直接用于酒吧对外付款，导致如果YL公司在本案中需要承担责任，而YL公司没有财产可供执行时，关某需在认缴注册资本范围内承担责任。二、关某变更为TD酒吧的投资人，由于TD酒吧的企业形式是个人独资企业，对外承担责任时投资人是补充清偿责任，因此，关某随时有可能需要为TD酒吧的对外债务承担补充清偿责任，性质等同于连带责任。

办理银行按揭贷款中所涉及的买卖双方责任

撰稿人：王亚平①

一 基本案情

（一）当事人和代理人基本情况

二审上诉人：熊某

委托代理人：王亚平，广东金桥百信律师事务所律师

刘先进，广东金桥百信律师事务所律师

二审被上诉人：陈某

（二）案件基本情况

2017年1月26日，熊某（卖方）与陈某（买方）签订了《房地产买卖合同》（附件），熊某将A房屋卖给陈某。

其中合同约定，"第四条违约责任因买方或买方违反本合同约定，包括但不限于如拒不配合提供交易所需资料或逾期办理交易、按揭等买卖相关手续、逾期交付房产、逾期支付房款等无故不履

---

① 广东金桥百信律师事务所合伙人。

行或怠于本合同项下义务，则：（1）逾期未超过十天的，违约方逾期每日须按总楼价的千分之一向守约方支付违约金，合同继续履行。（2）逾期超过十天仍未履行的，守约方有权解除合同并要求违约方承担定金责任【双倍返还定金或没收定金】或支付等额于总楼价百分之十的违约金。守约方应向违约方发出解除合同通知书。已收之房款应于解除合同发出之日起五天内退还。鉴于经纪方成功协助守约方追讨违约方的定金责任，守约方当天支付经纪方所得违约金25%作为经纪方的劳务费用。（3）逾期超过十天仍未履行的，但守约方同意继续履行合同的，守约方有权要求违约方按每日总楼价的千分之一支付违约金。合同未约定明确履行期限的，以守约方或经纪方发出敦促履行通知之日起五天为履行期限。……备注：1. 经买卖双方协商同意，签订三方合同当天支付定金人民币叁万元整给卖方，但须以卖方所申请的银行通过的同意贷款通知书审批通过后，合同正式生效。如买方的同意贷款通知书不能通过，卖方同意退回定金给买方。2. 卖方同意买方的首期楼款以银行的同意贷款通知书的审批金额的差额为准。3. 买方同意支付首期楼款垫资赎证"。

《附件》约定"二、涂销抵押后按揭贷款1.【定金】签订本合同时支付30000元作为定金。2. 卖方应在收到定金后10个工作日内提供齐全办理银行贷款所需要的资料，协助买方申请银行按揭。买方应在签署本合同5工作日内签署银行按揭文件以及贷款所需费用，并在签署银行按揭文件5工作日内提供齐全办理银行贷款所需的资料。3. 买卖双方均同意经银行审批出具同意贷款通知书后5个工作日内完成本次交易的递件过户手续。4. 首期楼款80000元，买方按下列第C种方式支付：（C）买方应在收到银行提前还贷通知后，在银行通知预约扣款日或之前，存入卖方供款账户内。5. 如银行批准的贷款金额少于买方申请的贷款金额，二者相差金额，买方需在房管部门出具成功受理本次交易的递件回执的当天直接支付给卖方。……7. 楼价余款275000元，于交易过户完成并办妥抵押登记后由贷款银行直接拨入卖方银行账号，如因房管部门或银行原因导致延迟，则时间相应顺延。8. 出资赎契：卖方应在签订本合同后10个工作日内向原抵押银行办理提前还贷申请手续。买卖双方同意按以下方式办理赎契手续：B. 买方出资赎契，卖方必须于本合同签署后10个工作日内不可撤销地全权委托经纪方或买方认可的受托人办理赎契手续，并将相关的供楼存折及对应的银行卡、借款合同、房产证等资料交给经纪方保管并全力协助经纪方或买方认可的受托人办理赎契手续，同时签署公证委托书"。

签订上述合同当日，陈某向熊某支付了3万元的定金，其余并未支付任何款项。2017年2月5日到2017年2月20日期间，陈某告知熊某需要提交"业主双方到场，夫妻双方身份证、户口本、结婚证、房产证、购房发票、NY银行收款或存折"，以办理按揭手续。2017年2月21日，双方在银行办理按揭手续并签署《个人二手住房贷款资金划转授权委托书》，但并未成功办理完成银行按揭手续。双方并未办理网签手续。2013年3月12日，熊某向陈某提交了《撤销合同通知书》，认为其逾期办理银行按揭，解除了上述买卖合同。陈某不同意解除合同，双方协商不成，陈某向法院提起诉讼要求继续履行合同，并要求熊某支付违约金（计算方法：自2017年3月11日计算至房屋过户，以总房价的千分之一为日利率）以及诉讼费用。

（三）争议焦点

争议焦点1：陈某没有成功办妥按揭贷款的原因；

争议焦点2：涉案《房地产买卖合同》（附件）是否生效；

争议焦点3：陈某主张继续履行涉案合同的主张应否得到支持。

二 各方意见

（一）陈某的举证材料和主要辩论意见

陈某认为没有成功办妥按揭贷款的原因在于熊某。陈某认为熊某前期有配合办理按揭贷款手续，但认为由于熊某没有按银行要求开具银行卡而未办妥按揭手续，责任在于熊某；关于首期房款，陈某认为应当在银行出具同意贷款通知书后支付，申请银行贷款时无需支付。对此陈某提交了相关的微信聊天记录（2017年2月5日到3月9日期间），证明陈某与熊某协商办理银行按揭的时间和所需要提交的材料，微信聊天记录显示熊某应准备的资料为"业主双方到场、夫妻双方身份证、户口本、结婚证、房产证、购房发票、NY银行收款或存折"，其他并没有涉及。陈某提交了银行经办人与其的电话录音，证明双方签完了按揭所需的材料，交给银行保管。基于上述情况，陈某认为因熊某不配合办理银行按揭，导致陈某无法取得银行同贷书，熊某阻却了条件成就，因此应当视为条件已成就，双方签订的买卖合同应当具备法律效力。而按照该合同约定，熊某拒不配合办理银行按揭手续，熊某违约，其作为违约方不具有解除合同的权利，双方应当继续履行合同，并应当按照合同约定支付违约金。

关于合同是否应当继续履行，陈某提交了银行流水并申请冻结了其中的存款，证明了其具有相应的支付能力，且抵押银行也表示同意其代熊某清偿银行贷款，可配合办理房屋的涂销抵押。且陈某提交了《个人名下房地产登记情况查询证明》证明其具有购房资质。结合以上情况，陈某认为其有能力继续履行合同。

（二）熊某的举证材料和主要辩论意见

熊某认为没有成功办妥按揭贷款的原因在于陈某。熊某提交一份银行官网打印出来的个人二手住房贷款流程以及条件资料，证明本案造成银行没有出具同贷书的责任在于陈某没有提供其收入证明、银行流水以及支付 30% 以上首期款。而根据陈某的庭审阐述情况以及提交证据可知，陈某并没有提交任何的银行流水、收入证明以及支付 30% 以上首期款，而这些文件是办理银行按揭贷款所必须提交的资料，故未取得银行同意贷款通知书，过错在于陈某，而非熊某。按照合同约定因陈某并未按照约定取得银行同意贷款通知书，涉案房屋买卖合同并未生效。基于合同并未生效，熊某无需按照合同履行。

三 | 审理结果及理由

（一）一审判决结果

关于合同是否生效的问题。一审法院认为熊某未按照按揭银行要求提供银行卡，并未全面配合陈某办理按揭手续，根据《合同法》第四十五条第二款"当事人为自己的利益不正当地阻止条件成就的，视为条件已成就"规定，故认定熊某不正当地阻止条件成就，因此该合同是合法有效的。

关于违约责任的问题。熊某没有举证证明其向银行申请了提前还贷以及银行何时可以提前还贷的证据，说明熊某未按照合同约定"买方应在收到银行提前还贷通知后，在银行通知预约扣款日或之前，存入卖方供款账户内"履行向银行申请提前还贷的义务。另熊某在2017年2月21日拒绝按银行要求提供按揭所需的银行卡，配合陈某办理按揭手续，且在2017年3月10日告知不再履行合同，违反了"卖方应在收到定金后10工作日内提供齐全办理银行贷款所需要的资料，协助买方申请银行按揭"的约定，熊某违约。熊某作为违约方，不具有解除合同的权利，故双方仍应按合同约定履行，熊某应按照合同约定承担违约责任（从2017年3月11日起，以总房款为本金，按每日千分之一的标准支付至熊某配合办理过户登记，违约金以总房款为限）。

一审判决之后，熊某对一审判决不服，提起了上诉。

（二）二审判决结果

因熊某在二审阶段提出银行按揭贷款所需要提交的文件资料与本案一审查明的事实情况相差较大，二审法院为了进一步查明办理银行按揭贷款的事实情况，向陈某办理银行贷款的银行发出了书面函件询问陈某案件贷款情况，银行回复法院：1. 经查询，我行贷款系统并未有陈某贷款信息建档。询问2017年度我行贷款经办人，当时2017年初确有陈某提出申请贷款一事，但因申请人无法提交齐全的贷款资料已经拒绝该笔申请。由于并未建档，我行没有留存相关申请资料。2. 我行办理二手住房按揭贷款时需提供材料包括：身份证、户口本、结婚证明、房管局查册、网签合同、房产评估报告、还款能力证明材料、房产评估买卖双方签名的首期确认书等，我行明确规定贷款受理时需要提供网签合同、支付首期款即30%房款的支付凭证；另外，我行贷款额度的核定需要结合客户征信、是否首套房、有无放贷等情况；最后，我行贷款流程具体为提交经办行受理后由分行审批后出具同贷书，房管局入押后方可发放贷款。通过银行的上述复函内容可知，办理银行按揭贷款应提交涉案房屋30%的首期房款、网签合同。

双方合同约定陈某应在签署合同5个工作日内签署银行按揭文件，并在签署银行按揭文件5个工作日内提供齐全办理银行贷款所需要的资料，而合同又同时约定首期楼款应在陈某收到熊某原抵押银行的提前还贷通知之后支付，故该支付时间无法确定。由此可见，上述合同约定客观上造成了陈某无法在办理按揭贷款时提供支付首期款的凭证。且陈某申请的银行贷款金额为31万元，相当于总房款的八成多，已超过二手住房按揭贷款的额度。故上述客观因素均可导致陈某无法提供齐全贷款所需资料且被银行拒绝申请。

关于熊某未按照贷款银行要求开具银行卡的问题，从上述银行复函以及 NY 银行关于二手住房贷款所需资料看，均没有对此作出明确要求，虽现实中可能存在贷款银行出于提高银行业务量而要求客户重新开户的情况，但该因素并非导致陈某无法办妥按揭贷款申请的主要原因。由此分析，陈某未能办妥银行按揭贷款的原因不能归责于熊某。根据双方合同约定，陈某没有取得银行同贷书，该合同并未生效，因此陈某要求继续履行合同缺乏法律和合同依据。综上，熊某的上诉理由成立，撤销一审判决，陈某与熊某签订的合同未生效，驳回陈某的全部诉讼请求。

四 办案体会

本案的一审和二审结果截然不同。一审案件审理过程中，熊某的代理意见明显存在一定的问题，并没有抓住本案的焦点及主要存在的问题。因涉案房屋买卖合同是一个附生效条件的合同，在条件不成就时，合同是不成立的，而条件是否成立在于银行是否出具同贷书以及银行不出具同贷书的依据。一审及二审中陈某的代理意见认为是熊某没有提交银行卡导致了无法办理完成银行按揭手续。一审中熊某的代理人并没有就陈某提出的上述意见提出有利的辩驳以及证据，也没有提出意见证明陈某在办理银行按揭手续中存在过错，直接导致了一审法院认定熊某就没有取得银行同贷书，存在过错，继而导致法院认为双方签订的合同合法有效，从而依据合同条款作出了一审判决。

我所律师在接到本案后，查看了一审中陈某提交的相关证据材料，结合多年来从事房地产交易法律服务的实践经验，提出相关证据并请求法院向相关银行发函询问，从而证明了一审过程中一直没有审理清楚的办理按揭贷款资料应提交文件情况，继而证明了房屋按揭贷款应提交的文件应当包括30%的首期款、网签合同、银行流水等必要文件以及银行拒绝了陈某的贷款申请的事实情况。陈某在办理银行贷款期间从始至终都没有提交上述按揭贷款办理所需的文件，导致了其无法取得银行的同意贷款通知书。因此双方签订的房屋买卖合同并没有生效，无须继续履行，更无须依据合同承担违约责任。基于上述事实情况，二审法院撤销了一审的判决。

本案之所以发生，究其根本原因在于买卖双方对办理银行按揭贷款所需提交文件及各方的权责并不清楚，导致房屋买卖合同的约定内容与办理银行贷款出现了矛盾和冲突，而在合同约定出现问题的情况下，双方在实际办理过程中也没有留意这个重大问题，在办理银行贷款过程中过于大意，尤其是买方陈某，直接导致了其案件的败诉，不仅交易不成功，更是要承担败诉的后果。

在这里笔者提醒各位，二手住房买卖流程相对复杂，涉及的人员较多、金额巨大，而买卖双方的权利义务以及交易流程的设置，对于双方是否能够交易成功有重大影响，因此各方在签订合同前一定要明悉权利义务，以免造成重大损失。

LY公司定作合同纠纷再审案案件分析

撰稿人：黄志勇①

一 | 基本案情

（一）当事人和代理人基本情况

再审申请人：LY公司

委托代理人：黄志勇，广东金桥百信律师事务所

蓝玉容，广东金桥百信律师事务所

被申请人：TG机械厂、谭某衡

（二）案件基本情况

2012年5月9日，LY公司与TG机械厂签订了《LY公司灌装生产线订购合同》（以下简称《定作合同》），委托其生产制造全自动灌装生产线一套（以下简称生产线），并负责安装、调试和培训操作人员。

2015年3月26日，由于TG机械厂不具备全自动灌装生产

---

① 金桥司徒邝（南沙）联营律师事务所主任。

线的技术能力和资质，设备在LY公司安装完毕后，调试过程中所灌装出来的产品均为不合格产品，且原料浪费和材料损耗极大，仅调试阶段就造成LY公司数万元的经济损失。后TG机械厂多次进行改进调试十余次，仍达不到最低的灌装要求，LY公司将TG机械厂及负责人谭某衡诉至佛山市某某区人民法院（以下简称某某法院），请求判令：1. 解除《定作合同》；2.TG机械厂返还已支付的定作款552500元及利息；3. 承担诉讼费。

对此，TG机械厂及谭某衡认为其制作的生产线符合合同要求，是因为LY公司违反约定标准使用尺寸不合格的物料、擅自调换工序才导致生产线中的灌装机出现问题，而且其他11台机器设备是能正常使用的；并提出反诉，请求判令LY公司：1. 支付生产线设备款133000元及利息；2. 支付其另外交付的2台灌装机（以下简称新灌装机）材料费276000元及利息。

（三）争议焦点

争议焦点1：TG机械厂交付的生产线是否符合质量要求（是否应当支付生产线的价款）；

争议焦点2：LY公司是否应当支付新灌装机的价款。

二 **各方意见**

1. 某某法院一审认为：经过委托鉴定，认定该生产线符合合同约定的质量要求。但是，生产线系TG机械厂根据LY公司的产品为其开发设计的，调试过程中确实存在灌装不均匀、灌装无油的情况，因此生产线的设计存在一定的瑕疵，某某法院酌定价款减少30%，即要求LY公司承担合同总价678000元的70%，即474600元；而LY公司支付的5000元被认定为设计费，不予返还；因双方各有合理争议，鉴定费及物料费双方平均负担。同时，某某法院认定TG机械厂还交付了新灌装机，要求LY公司支付设备款276000元，并驳回了双方其他诉讼请求。

2. 某某市中级人民法院（以下简称某某中院）二审认为：原审认定事实清楚、适用法律正确、实体处理恰当为由，驳回上诉，维持原判。

3. LY公司（即当事人）认为：TG机械厂交付的生产线不符合质量要求，应当解除合同，并且返还已支付的全部定作款；而新灌装机是TG机械厂未经LY公司同意擅自另行制作，不符合双方定作合同要求，不应支付价款。

4. TG机械厂（即对方当事人）认为：其交付的生产线是符合定作合同的，目前无法正常运作的责任在于LY公司，应当全额支付定作款；新灌装机为LY公司要求制作，应当支付价款。

三 审理结果及理由

（一）再审阶段：申请再审，被法院裁定驳回。

省高院认为：由于《定作合同》没有量化或者具体明确的约定，鉴定机构并未对出现的问题（如灌装不均匀、搅拌糊了、灌装无油等）的情况不作评判系合理的。根据鉴定结果显示，生产线设备品种、数量以及产量均符合合同约定，但存在一定的瑕疵，原审认定正确，因此，LY公司未能证明鉴定存在法律规定的重新鉴定的情形，不予重新鉴定；同时，TG机械厂注销不影响本案结果，不作处理。据此，驳回LY公司的再审申请。

（二）抗诉阶段：申请抗诉获得支持，检察院裁定启动再审程序。

省人民检察院认为：二审判决认定"至于另外两台灌装机……双方之间已就此形成事实合同关系"，属于认定的基本事实缺乏证据证明；同时，新灌装机并未经过LY公司验收，也未鉴定，且与《定作合同》约定的生产线不一定具备同一性、可比性，就直接认定参照《定作合同》支付新灌装机的价款，属于基本事实缺乏证据证明，有违公平原则。据此，省人民检察院向省高院提出抗诉，依法申请再审。

2018年9月19日，省高院裁定指令某某中院对本案进行再审，并中止原判决的执行。

（三）抗诉后再审阶段：判决支持委托人部分诉请。

某某中院再审认为：第一，本案不具备重新鉴定的情形，不予准许重新鉴定；第二，就新灌装机而言，TG机械厂并未举证双方存在新的合同关系，同时，双方对生产线调试问题进行反复协商，LY公司不可能在此情况下仍向TG机械厂购买新灌装机，新灌装机应当系TG机械厂为完善生产线而免费为LY公司设计生产的，因此LY公司无需另行支付新灌装机的价款。

2019年7月11日，某某中院作出再审判决：因LY公司已经支付545000元，生产线按合同总价70%应支付474600元，新灌装机无需支付任何款项，综上：1.撤销原审判决；2.TG机械厂（因已注销，由负责人谭某衡继承履行，下同）应向LY公司退还货款70400元；3.驳回LY公司其他诉讼请求；4.驳回TG机械厂（谭某衡）的反诉请求。

（四）执行阶段：申请执行回转，并已完成。

四 办案体会

本案源起于2012年，自2015年开始诉讼，直至2019年7月才终于作出再审终审判决。当事人定作的生产线在根本无法投入生产的情况下，从一审、二审、再审都败诉，到通过抗诉成功使本案"起死回生"，从未能取得返还的生产线设备款，还要另行支付新灌装机的276000元，到取回了30%的生产线设备款，还无需支付新灌装机价款。可以说本案的逆转，虽然曲折漫长，但也最终取得了一个当事人满意的结果——为当事人挽回了346400元的损失。

基于本案，黄志勇律师总结了如下办案体会供分享，以期共同进步：

1.熟悉诉讼程序的流程。律师日常接触最多的诉讼程序还是一审、二审，但如果二审未能取得理想的结果，或者当事人带着一个已经二审终审判决的案子来咨询律师的时候，作为律师应当能完整地提供再审、信访、申请监督（抗诉）的方案，这自然需要律师熟悉诉讼程序的全套流程、注意事项以及各种细节，才能打开案件"起死回生"的大门。

2. 材料必须"稳准狠"。本案在第一次申请再审时曾被驳回，但是抗诉阶段获得了支持，在抗诉后再审的阶段，在材料中应当优先抓住检察院抗诉支持的点提在最前面重点着墨，加强说理，其他的观点放于后面，争取机会。由于检察院支持的观点，是打开大门的关键，法院采纳的可能性非常大，而其他观点如果能在此之上延伸结合，主次分明，也更有利于法院支持我们其他的观点，才能准确抓住案件的"最后一丝希望"。

3. 熟悉执行程序，利用执行回转，帮助当事人最快取回其应得权益。本案在原审阶段已经执行一次，当事人为此支付了大量款项。而再审结果是对方当事人需要返还款项，这时候及时申请执行回转，可以通过合法渠道最快地将当事人尽快取回其应得款项。

4. 坚持就是胜利。本案从事发到再审终审长达7年，作为律师，在众多案件中对一个长期性的案件保持关注和跟进是非常重要的，尽管非常耗费时间精力，但是要坚持。同时由于原审阶段是其他律师跟进的，时间较久远的材料也需要注意效力和原件的调查与保存，在案件交接的过程中要注意了解情况与材料交接，才能找准败诉的根本原因，找到逆转的支点。

张某诉FY公司、DX公司商品房预售合同纠纷一案

——合同纠纷中关于"重大误解"的认定标准

撰稿人：李丽莉①

一 | 基本案情

（一）当事人和代理人基本情况

上诉人（原审原告）：张某

委托代理人：李丽莉，广东金桥百信律师事务所律师

被上诉人（原审被告）：FY公司

第三人：DX公司

（二）案件基本情况

2017年5月13日，张某与FY公司签订了《某某公馆商铺投资计划书》，张某投资购买某某公馆1011号商铺，原价为1230359元，折扣优惠300000元，折后售价为774500元，电商团购费150000元，约定在2017年5月15日之前支付

---

① 广东金桥百信律师事务所合伙人。

674500元，除此之外还明确了维修基金1983元、契税23235元、登记费550元、交易费79元、印花税387元、办证费800元、律师费500元，合计27534元。张某与FY公司签订了《某某公馆认购书》，认购书中显示张某向FY公司认购某某公馆之1栋1单元1011号商铺，成交价是774500元，其中包含定金100000元。另外还约定双方签订的《商品房买卖合同》生效后，认购书的效力则被《商品房买卖合同》代替。同日，张某还填写了某优惠信息服务申请表并缴纳了定金100000元和电商团购费150000元，申请表表明张某支付电商团购费150000元就可以享受电商团购优惠150000元抵300000元，且其中指明一旦张某与开发商办理《商品房买卖合同》手续，则DX公司向张某提供的服务义务即告履行完毕，张某就不能再以任何理由申请退款。

2017年5月21日，张某与FY公司签订了《商品房买卖合同（预售）》，张某向FY公司某公司购买了某某公馆之1栋1单元1011号商铺，该商铺单价为20280.18元，总价款为774500元，交房日期为2019年6月28日。合同中约定如果商品房存在屋面、墙面、地面渗漏或开裂的质量问题，由FY公司按照有关工程和产品质量规范、标准自查验次日起14日内负责修复，并承担修复费用，修复后再行交付。若经过更换、修理，仍然严重影响正常使用的，张某有权解除合同。同日张某缴纳了剩余楼款674500元和律师费500元。

张某主张其在2018年9月24日FY公司拆除围闭棚架后才知悉商铺顶棚存在变形缝，且商铺顶棚与合同告知的混凝土顶棚不同，有六分之一的面积是铁皮。张某认为FY公司没有履行合理的告知义务，使得张某产生重大误解，且会影响张某后续对商铺进行出租和转让的售价，造成张某的重大损失。张某于2018年10月13日与FY公司交涉，失败后2018年11月26日提起诉讼。除此之外，张某还主张团购费是FY公司为了规避当地房价限价的政策而设立的，应该属于房款的一部分，所以合同撤销后FY公司应赔偿已缴纳的房款774500元（包含定金100000元）和团购费150000元以及因合同撤销产生的损失24998.87元。

FY公司主张张某在2017年5月13日签订合同的时候就已经查看过现场，理应知道变形缝的存在，不构成重大误解，且涉案房屋已竣工验收合格，不影响商铺的正常使用，张某也未遭受损失，张某不享有撤销权，且张某主张的撤销权超过了法定除斥期间而消灭。此外张某主张的定金是立约定金，定金合同已经履行完毕了，所以张某要求赔偿定金没有法律依据。最后张某主张的律师费、契税、印花税、专项维修基金等费用并非FY公司收取，不应由FY公司赔偿。

DX公司主张张某享受300000元的优惠是DX公司通过与FY公司达成合作关系而取得的，DX公司收取的150000元是电商团购费，张某已经享受了优惠，DX公司不应退还这个团购费。

（三）争议焦点

争议焦点1：张某是否属于重大误解情况下签订《商品房买卖合同（预售）》；

争议焦点2：DX公司收取的电商团购费是否属于案涉商铺房款的一部分。

二 | 代理意见

张某的诉讼代理人认为：第一，被误解的合同内容及误解程度足以影响一般交易方作出是否签订合同的，即属于重大误解。张某签订买卖合同时认为商铺内不可能存在伸缩缝，且商铺内是否存在变形缝，直接影响一般购房者作出是否购买的决定，因此，张某签订案涉合同时存在重大误解。第二，张某对合同的误解内容为商铺结构，商铺质量是否合格，以及张某是否受到实际损失，与张某因重大误解行使撤销权无关。第三，DX公司收取的电商团购费，是房地产开发商常用的拆分购房款的方式，目的是避税或规避政府限价。从张某购买案涉商铺的整个过程亦可反映，购房款的拆分均是FY公司单方处理，DX公司并未向张某提供任何服务，FY公司及DX公司也未提供任何证据证明双方存在营销合作关系。类似情形的司法判例亦认定此类款项属于购房款。

三 | 审判结果及理由

某某市中级人民法院认为，本案为商品房预售合同纠纷。双方二审提交的证据，与待证事实关联性不大，本院不予采信。依照《民事诉讼法》第一百六十八条的规定，本院应当对张某上诉请求的有关事实和适用法律进行审查。根据本案各方当事人在二审中的上诉和答辩，本案争议焦点是：张某是否属于重大误解情况下签订《商品房买卖合同（预售）》。张某与FY公司签订《商品房买卖合同（预售）》时，案涉商铺尚未建成，属于预售。双方均确认案涉商铺内部顶端中间存在伸缩缝，虽然该伸缩缝符合规划设计要求，但张某作为消费者，有权获知所购买的商铺的基本情况，以便对自己的购买行为作出客观判断，何况案涉商铺的伸缩缝处在商铺内部顶端中间，该商铺的设计与同期一般销售的商铺存在重大区别，FY公司负有将商铺实际情况如实告知张某的义务。在本案中，并无证据证明FY公司销售人员有将案涉商铺存在伸缩缝这一事实如实告知张某，亦无证据证明张某在签订合同之前在商铺外围查看商铺情况时已得知案涉商铺内部存在伸缩缝。由于信息不对称，张某在对商铺结构作出错误判断的情况下签订了案涉合同，张某主张构成重大误解于法有据，本院予以支持。案涉合同约定的交房日期为2019年6月28日，张某主张其在2018年9月24日FY公司拆除围闭棚架后才知悉商铺存在伸缩缝，张某为此提供了相应的协商录音和微信截图，本院对其该主张予以采信。张某在2018年11月26日提起本案诉讼，并未超过行使撤销权的除斥期间，张某据此诉请撤销案涉合同，本院依法予以支持。根据《合同法》第五十八条的规定，合同被撤销后，因该合同取得的财产，应当予以返还。张某向FY公司支付了774500元，向DX公司支付了150000元。虽FY公司和DX公司抗辩称DX公司收取的150000元为电商团购费，但在张某支付了该150000元后，FY公司则给予了张某总价减少300000元的优惠，由此可知，DX公司收取案涉团购费是经FY公司授权进行，该团购费属于房款的组成部分，故张某诉请FY公司返还购房款924500元及利息，本院依法予以支持。利息以924500元为本金，自2017年5月21日至2019年8月19日按照中国人民银行同期同类贷款利率计算，自2019年8月20日起至实际付清之日止按照同期全国银行间同业拆借中心公布的贷款市场报价利率计算。张某为此支付了律师费500元，属于因合同被撤销而造成的损失，张某请求FY公司予以赔偿，本院予以支持。至于契税、印花税、专项维修资金，张某可向相关行政部门申请退还，张某直接诉请FY公司赔偿没有依据，本院不予支持。张某诉请赔偿定金100000元没有依据，本院亦不予支持。

综上所述，张某的上诉请求部分有理，应予部分支持；一审判决认定事实清楚，适用法律错误，应予纠正。依照《民法总则》第一百四十七条、第一百五十二条、《民事诉讼法》第一百七十条第一款第二项规定，判决如下：

1. 撤销广东省某某市第一人民法院（2019）粤××××民初××××号民事判决；

2. 撤销张某与FY公司于2017年5月21日签订的《商品房买卖合同（预售）》；

3. 限FY公司于本判决发生法律效力之日起五日内退还张某购房款924500元及利息（利息以924500元为本金，自2017年5月21日至2019年8月19日按照中国人民银行同期同类贷款利率计算，自2019年8月20日起至实际付清之日止按照同期全国银行间同业拆借中心公布的贷款市场报价利率计算）；

4. 限FY公司于本判决发生法律效力之日起五日内赔偿张某律师费损失500元；

5.驳回张某的其他诉讼请求。

2020年9月，FY公司向某某省高级人民法院申请再审。案经审理后，某某省高级人民法院认可某某市中级人民法院的裁判理由，驳回FY公司的再审申请。

四 办案体会

随着我国市场经济发展日益成熟，当事人的契约意识日益提升，因对合同主要内容的理解错误而需撤销合同的情况已甚少发生，《民法总则》《合同法》对因重大误解而行使撤销权的规定也仅有寥寥几条，正因如此，此类偶发纠纷存在的争议往往更大。笔者认为，要准确把握重大误解的构成要件，必须明确重大误解本质上是当事人的意思表示错误，且该错误会直接影响当事人决定是否订立合同。实践中，当事人往往因为无法证明自身因重大误解造成较大损失，而被认定不构成重大误解。诚然，对当事人造成损失是重大误解的一个重要体现，但是，如前所述，重大误解是当事人的意思表示错误，当事人因错误判断签订了一份不符合自身需求的合同，至于该合同是否会对当事人造成损失，属于合同履行范畴，不应作为认定重大误解的必要条件。此外，随着各地对房地产市场实施限价政策，开发商采取双合同模式规避限价的情况时有发生，对此，应严格审查双合同主体间的关系，结合交易习惯、消费者的选择权等因素认定双合同中价款的性质。

袁剑湘律师代理NH公司申诉JH公司商品房预售合同纠纷成功逆转一案

撰稿人：袁剑湘①

一 | 基本案情

（一）当事人和代理人基本情况

申诉人：NH公司

委托代理人：袁剑湘，广东金桥百信律师事务所律师

被申诉人：JH公司

（二）案件基本情况

2018年9月下旬，NH公司委托袁剑湘律师协助其调查公司各开发楼盘办理产权情况，历经一个多月时间多次到市房管局调档核查，方知JH公司向NH公司购买的拆迁房，JH公司已通过申请执行（2007）×民×初字第××××号民事判决书，给拆迁户全部办理了房地产权证，并将不在双方商品房预售契约约定范围

---

① 广东金桥百信律师事务所合伙人。

内的某某苑9套（后JH公司更改为11套，面积约622平方米）房产办至其名下。当时，为进一步查清某某苑房产状况，袁律师费尽周折调查后方知，JH公司已将更改后的11套房屋中的9套过户给拆迁户，仅有2套仍在JH公司名下。

得知此事后，NH公司万分焦急。2018年10月初，NH公司委托袁律师去法院查阅JH公司诉NH公司案卷材料方知悉，法院在JH公司未提供房屋预售许可证原件、未提供完整的房地产查丈原图（测绘图）的情况下，将不属于JH公司购买范围内的某某苑318号101—104、201—204、301—303 11套房屋认定为JH公司所有，并判令将该11套房屋过户至JH公司名下。2018年10月11日，NH公司委托袁律师去市房地产档案馆查询涉案222套房产的查册信息。2018年10月31日，NH公司又委托袁律师去市房地产档案馆复制案涉222套房产的档案资料时，居然查到JH公司提交房管局办理过户的资料中注明案涉11套房屋未在合同购买范围内。2018年11月1日，袁律师为NH公司向JH公司发出"关于请求返还错误过户的11套房屋，并支付剩余的3%总房款，及支付已过户的211套房屋面积差异补款的告知函"，但JH公司置之不理。

2018年12月19日，NH公司委托袁律师向某检申请抗诉、向市中院申请再审。2019年1月8日，袁律师去原一审法院开具生效证明。2019年1月10日，NH公司收到某检民事监督案件不予受理通知书，并被告知应先向上一级法院申请再审。同日，NH公司收到市中院受理审查通知书。2019年1月21日，NH公司收到市中院告知审判庭组成人员通知书。2019年6月4日、

13日、14日，袁律师三次去市中院参加听证，JH公司三次都未到庭。2019年6月13日，NH公司去市房地产测绘院调取案涉222套房查丈原图。2019年8月12日，NH公司收到市中院驳回再审申请裁定书，驳回的理由是已超过法律规定的申请再审期限。2019年10月12日，袁律师为NH公司向市规划和自然资源局递交更正"××国房协查复字（2003）第××××号函"错误的申请。2020年1月13日，NH公司收到市不动产登记中心发现上述11套房屋不属于预售契约约定范围的复函。

2019年10月10日，NH公司委托袁律师再次向某检申请抗诉。某检第四检察部历经约一个星期的缜密调查，发现原一审法院生效判决确实存在错误。2019年10月14日，NH公司收到某检受理民事监督通知书。2019年12月18日，袁律师又协助NH公司向市某某测绘技术有限公司申请鉴定案涉11套房产究竟位于某某苑B幢后座东梯还是西梯位置，不出意外地得到案涉11套房产位于某某苑的鉴定意见，即证明该11套房产不在NH公司与JH公司签订的房地产预售合同约定范围内。2020年1月8日，NH公司收到某检向原一审法院提出再审检察建议的通知书，但法院并不同意启动再审。随后，某检第四检察部向市规划和自然资源局为NH公司调取到该局在当时依法院生效判决为JH公司办理房屋过户时就已发现案涉11套房屋不属于预售契约约定范围的复函，并依法提请市检向市中院提出抗诉。2020年7月13日，NH公司收到市检向市中院提出抗诉通知书。2020年8月19日，NH公司收到市中院裁定本案由本院提审；再审期间，中止原判决执行的裁定书。2020年11月19日，袁律师去市中院参加开庭审理，JH公司派员出庭，市检亦派员出庭支持抗诉。

由于本案难度及阻力之大、案情之复杂，远非一般民商事案件所能比拟，袁律师多次向市中院申请延期。2021年1月15日，袁律师为NH公司申请由某检出面并主持NH公司与JH公司代表商谈和解事宜。2021年3月4日，袁律师去市中院参加本案第二次庭询，JH公司亦派员出庭。2021年5月10日，袁律师去市中院参加本案第三次庭询，JH公司亦派员出庭。

由于案涉11套房产中的9套房产已不在JH公司名下，1套尚在JH公司名下的房产业已被生效裁决裁给了第三人。2021年6月18日，袁律师为NH公司申请某检去房管局调取本归NH公司所有的11套房屋的现状，以及JH公司提出置换的13套房屋的资料，以防上述24套房屋存在仲裁、诉讼或者产权争议、虚假诉讼等风险，以消除中院法官的担心。

在袁律师的不懈争取和中院法官的主持下，NH公司与JH公司达成房产置换协议，由JH公司提供同一小区面积大致相当的13套房产退还给NH公司。最终中院法官解除顾虑，于2021年9月30日作出民事调解书，对NH公司与JH公司的房产置换协议进行确认，使案件顺利结案。

（三）争议焦点

争议焦点在于本案是否已超过法律规定的申请再审期限，案涉11套房产中的9套已不在JH公司名下，1套尚在JH公司名下的房产业已被生效裁决裁给了第三人，法院应如何作出判决。

二 各方意见

市中院第一次审查时认为，法院作出的（2007）×民×初字第××××号民事判决于2008年1月10日发生法律效力。依据《最高人民法院关于修改后的民事诉讼法施行时未结案件适用法律若干问题的规定》第六条第一款"当事人对2013年1月1日前已经发生法律效力的判决、裁定或者调解书申请再审的，人民法院应当依据修改前的民事诉讼法第一百八十四条规定审查确定当事人申请再审的期间，但该期间在2013年6月30日尚未届满的，截止到2013年6月30日"之规定，NH公司于2019年1月10日申请再审，已超过法律规定的申请再审期限，对NH公司的再审申请，本院不予支持。依照《民事诉讼法》第二百零四条第一款之规定，裁定驳回NH公司的再审申请。

市检向市中院提出抗诉认为，原审判决认定的基本事实缺乏证据证明，且有新证据足以推翻原审判决。

第一，原审判决NH公司协同JH公司办理某某路某某苑A、B幢第四至九层、第B幢后座西梯一至三层房地产共222套房屋的产权过户手续和房地产登记手续，属认定的基本事实缺乏证据证明。

第二，有如下新证据足以证明某某路318号101、102、103、104、201、202、203、204、301、302、303共计11

套房屋不在双方约定的合同内。

市房地产档案馆查询的《某某苑单元明细表》证明某某路318号101、102、103、104、201、202、203、204、301、302、303共计11套房屋，并未在JII公司与NH公司签订的合同购买范围内。

市规划和自然资源局于5月15日向某检的复函（××规划资源协查〔2020〕××××号），可以证明：1996年11月，NH公司与JH公司签订×房预契字第NO.××××号《房地产预售契约》，并在原市房地产交易所（以下简称原市交易所）办理了预售合同备案手续，该预售契约记载地址为某某苑A、B幢后座第四至九层、B幢后座西梯第一至三层共147套。2008年5月15日，法院向原市国土房管局送达《协助执行通知书》，要求协同JH公司办理某某路某某苑第A、B幢第四至九层、第B幢后座西梯第一至三层房地产的产权过户手续和房地产登记手续。市房地产交易登记中心（以下简称市登记中心）经审核，发现11套房屋不属于××房预契字第NO.××××号《房地产预售契约》约定范围。根据2008交登××××号档案内JH公司提交的××××房预契字NO.××××号《房地产预售契约》和《某某苑单元明细表》，地址某某路318号101—104、201—204、301—303房共11套房屋应不在上述××××房预契字××××号预售契约合同约定交易范围内。

NH公司为证明双方合同中约定的某某路某某苑B幢后座有两座电梯的问题，委托市某某测绘技术有限公司对某某路某某苑B幢后座东梯、西梯位置进行了鉴定。市某某测绘技术有限公司于

2019年12月18日出具《关于某某路某某苑B幢后座东梯、西梯位置鉴定意见》，根据该鉴定意见，可以证明某某苑位于某某路南侧××××，小区共分A型、B型、C型三种房屋型号；从红线图上可看出B幢正位于远离北面大门的小区南端，位于图纸南端的B幢后座存在东梯和西梯两个梯间，并且呈空间对称关系，分别对应某某路318号和某某路320号；B幢后部（契约上称后座）现状存在两个电梯，按方向可称为东梯和西梯，分别对应门牌号为某某路318号和某某路320号，其中B幢后部东梯一至三层对应的房号是：某某路318号101房、102房、103房、104房、201房、202房、203房、204房、301房、302房、303房，共11套房，B幢后部西梯一至三层对应的房号是：某某路320号101房、102房、103房、201房、202房、203房、301房、302房、303房，共9套房。根据该鉴定意见，可以证明原审判项中"某某路318号101房、102房、103房、104房、201房、202房、203房、204房、301房、302房、303房"共11套房，位于B幢后部东梯一至三层，而双方签订的房地产预售契约中约定的是"第B幢后座西梯第一至三层"，契约中约定的B幢后部西梯一至三层对应的房号是：某某路320号101房、102房、103房、201房、202房、203房、301房、302房、303房，共9套房。

上述证据属于新证据，并形成完整的证据链，足以证明某某路318号101房、102房、103房、104房、201房、202房、203房、204房、301房、302房、303房共计11套房屋不在双方约定的合同内。

NH公司同意抗诉机关的抗诉意见。请求：1. 撤销（2007）

×民×初字第××××号民事判决，改判某某路318号101—104、201—204、301—303 11套房屋不在JH公司购买范围内，驳回JH公司要求将该11套房屋过户至其名下并办理房地产登记手续的诉讼请求；2.本案的全部诉讼费用由JH公司负担。

三 审理结果及理由

本案审理过程中，经中院主持调解，当事人自愿达成如下协议，请求人民法院确认：

一、置换标的：原属NH公司的房屋位置：某某路318号101房、102房、103房、104房；201房、202房、203房、204房；301房、302房、303房，共11套（此11套房不在××××房预契字××××号预售契约合同约定交易范围内）。各门牌对应房屋建筑面积为：318号101房：59.0972平方米；102房：56.0365平方米；103房：60.782平方米；104房：31.6361平方米；201房：59.0972平方米；202房：85.1161平方米；203房：36.9606平方米；204房：26.3779平方米；301房：59.3073平方米；302房：65.1538平方米；303房：83.0825平方米；共11套，总建筑面积622.6472平方米。

二、JH公司提供用于置换NH公司上述11套房屋的房屋位置：某某路308号904房；310号603房、703房、805房；312号605房；314号402房；316号404房、605房、806房；318号104房；320号402房、701房、903房，共13套，各门牌对应房屋建筑面积为: 308号904房: 49.56平方米; 310号603房: 56.44平方米、703房: 56.44平方米、805房: 66.23平方米; 312号605房: 58.01平方米; 314号402房: 35.48平方米; 316号404房: 35.06平方米、605房: 88.25平方米、806房: 27.00平方米; 318号104房: 31.64平方米; 320号402房: 55.87平方米、701房: 33.22平方米、903房: 51.19平方米; 共13套, 总建筑面积644.39平方米。各门牌对应房屋产权证号为: 308号904房: ××房地权证××第××××号; 310号603房: ××房地权证××第××××号、703房: ××房地权证××第××××号、805房: ××房地权证××第××××号; 312号605房: ××房地权证××第××××号; 314号402房: ××房地权证××第××××号; 316号404房: ××房地权证××第××××号、605房: ××房地权证××第××××号、806房: ××房地权证××第××××号; 318号104房: ××房地权证××第××××号; 320号402房: ××房地权证××第××××号、701房: ××房地权证××第××××号、903房: ××房地权证××第××××号, 共13套。

三、JH公司向NH公司提供用于置换NH公司11套房屋的该13套房屋的产权证明等有效文件, 用于证明JH公司对其所提供置换的房屋具有所有权, 并提供复印件由对方留存。NH公司、JH公司提供其有效的法人单位证明文件, 并提供复印件由对方留存。

四、NH公司、JH公司双方签订本调解书之日起30日内, JH公司应将上述13套房屋交至NH公司管理, 相关的产权证明资料一并移交NH公司保管，相关房产的办理过户手续及税费承担问题，NH公司、JH公司另行协商。

上述协议，符合有关法律规定，本院予以确认。

本调解书经双方当事人签收后，即具有法律效力。（双方均于2021年10月8日签收本调解书。）

四 办案体会

回顾本案代理过程，可谓一波三折、几乎穷尽所有法律救济手段、难度及阻力之大、案情之复杂，非一般民商事案件所能比拟，袁律师在本案办理过程中细致扎实地准备、积极地沟通协调，成功争取到两级检察院、市中院的理解与支持，切实维护了NH公司的财产权益，捍卫了法律的公平正义，维护了社会的稳定和谐。本案之所以申诉成功，袁律师主要有以下三点体会：

（一）不断夯实的证据是本案申诉成功的基础。

1. 自2018年10月11日开始，袁律师历经一个多月时间多次到市房管局调档核查，方查清JH公司向NH公司购买的拆迁房，JH公司已通过申请执行（2007）×民×初字第××××号民事判决书，给拆迁户全部办理了房地产权证，并将不在双方商品房预售契约约定范围内的某某苑9套（后JH公司更改为11套，面积约622平方米）房产办至其名下。当时，为进一步查清某某苑房产状况，袁律师费尽周折调查后方得知，JH公司已将更改后的11套房屋中的9套过户给拆迁户，仅有2套仍在JH公司名下。

2.2018年10月16日，袁律师去法院查询2007年6月JH公司诉NH公司案卷材料方知悉，法院在JH公司未提供房屋预售许可证原件、未提供完整的房地产查丈原图（测绘图）情况下，将不属于JH公司购买范围内的某某苑B栋后座东梯一至三层，即某某路318号101—104、201—204、301—303这11套房屋认定为JH公司所有，并判令将该11套房屋过户至JH公司名下。

3.2018年10月17日，袁律师去市房地产档案馆查询案涉222套房产的查册信息。2018年10月31日，袁律师去市房地产档案馆复制案涉222套房产的档案资料时，居然查到JH公司提交房管局办理过户的资料中注明案涉11套房未在合同购买范围内。

4.2019年10月12日，袁律师为NH公司向市规划和自然资源局递交更正"××国房协查复字（2003）第××××号函"错误的申请，收到市不动产登记中心发现案涉11套房屋不属于预售契约约定范围的复函。

5.2019年12月18日，袁律师又协助NH公司向市某某测绘技术有限公司申请鉴定案涉11套房产究竟位于某某苑B幢后座东梯还是西梯位置，不出意外地得到案涉11套房产位于某某苑的鉴定意见，即证明该11套房产不在NH公司与JH公司签订的房地产预售合同约定范围内。

6.2020年5月15日，某检第四检察部向市规划和自然资源局为NH公司调取到该局在当时依法院生效判决为JH公司办理房屋过户时就已发现案涉11套房屋不属于预售契约约定范围的复函。

正是基于上述确实充分的证据，两级检察院对本案申诉均给予了坚定的支持。

（二）两级检察院、市中院的理解与支持是本案申诉成功的关键。

2019年10月10日，袁律师再次向某检申请抗诉后，某检第四检察部历经约一个星期的缜密调查，发现原一审法院生效判决确实存在错误。应某检要求，袁律师陆续向某检补充了不少材料，某检也依职权为NH公司调取了一些律师无法胜任的重要证据。

在某检向原一审法院提出再审检察建议的通知书，但法院并不同意启动再审的情形下，某检果断依法提请市检向市中院提出抗诉。在市中院遭遇阻力及内部意见不一的情形下，市检坚决顶住压力给予NH公司充分的支持。某检还应袁律师的申请出面主持NH公司与JH公司代表商谈和解事宜。特别值得一提的是，由于案涉11套房产中的9套房产已不在JH公司名下，1套尚在JH公司名下的房产业已被生效裁决裁给了第三人。为消除中院法官的担心，某检应袁律师申请及时帮NH公司去房管局调取本归NH公司所有的11套房屋的现状，以及JH公司提出置换的13套房屋的资料，以防上述24套房屋存在仲裁、诉讼或者产权争议、虚假诉讼等风险，终于说服中院法官解除顾虑，于2021年9月30日作出民事调解书，对NH公司与JH公司的房产置换协议进行确认，最终使本案得以顺利结案。

（三）律师锲而不舍的努力是本案申诉成功的保障。

本案历经三年，成功争取到某检向原一审法院提出再审检察建议的通知书；在原一审法院不同意启动再审的情形下，某检果断依法提请市检向市中院提出抗诉，以及中院裁定该案由本院提审；再审期间，中止原判决执行的裁定书。最终中院法官顶住压力解除顾虑，作出民事调解书，对NH公司与JH公司的房产置换协议进行确认，使案件顺利结案。在此过程中，袁律师沉着应对，还细致地做了如下工作：

1.2018年11月1日，袁律师为NH公司向JH公司发出"关于请求返还错误过户的11套房屋，并支付剩余的3%总房款，及支付已过户的211套房屋面积差异补款的告知函"，但JH公司置之不理。不得已，2018年12月19日，袁律师同时向某检申请抗诉、向市中院申请再审。

2.2019年11月11日，袁律师向广州市某某区人民检察院补充抗诉申请。2019年11月7日—12月31日，袁律师向广州市某某区人民检察院陆续提交案涉情况说明一、二、三、四、五、六，共六个情况说明。

3.2020年10月26日，袁律师向某某市中级人民法院邮寄再审申请书、证据清单等。

4.2020年12月24日，袁律师草拟NH公司与JH公司调解方案。2021年1月15日，袁律师为NH公司申请由某检出面并主持NH公司与JH公司代表商谈和解事宜。最终在袁律师的不懈争取和中院法官的主持下，NH公司与JH公司达成房产置换协议，由JH公司提供同一小区面积大致相当的前述13套房产退还给NH公司。

在诉讼过程中，特别是在对方拖延、法院遇阻的关键时刻，袁律师都及时与对方、市检、中院协调。特别值得一提的是，为消除中院法官的担心，袁律师及时申请某检去房管局调取本归NH公司所有的11套房屋的现状，以及JH公司提出置换的13套房屋的资料，以防上述24套房屋存在仲裁、诉讼或者产权争议、虚假诉讼等风险，终于说服中院法官解除顾虑，作出民事调解书，本案最终成功逆转。

胡某、于某诉于某泊离婚后财产纠纷
发回再审案案件分析

撰稿人：黄志勇①

一　基本案情

（一）当事人和代理人基本情况

本案涉及两个案件：

1. 胡某、于某诉于某泊离婚后财产纠纷一案

二审上诉人、发回重审被告：于某泊

委托代理人：黄志勇，广东金桥百信律师事务所律师

二审被上诉人、发回重审原告：胡某、于某

2. 胡某、于某诉林某好的所有权确权纠纷一案

一审被告、二审被上诉人、执行申请人：林某好

委托代理人：黄志勇，广东金桥百信律师事务所律师

一审原告、二审上诉人、被执行人：胡某、于某

---

① 金桥司徒邝（南沙）联营律师事务所主任。

（二）案件基本情况

胡某与于某泊于1983年12月23日结婚，育有一女于某。双方于2004年5月28日协议离婚，协议约定属于夫妻双方共同财产的荔湾区某房屋（以下简称荔湾房屋）给予胡某和于某，离婚后胡某和于某也一直居住于此，但于某泊一直未办理房屋所有权转移登记手续。据此胡某、于某诉至广州市某某区人民法院（以下简称某某法院），请求判令于某泊归还荔湾房屋所有权，并办理转移登记手续。于某泊辩称荔湾房屋系其父亲之遗产，是其祖屋，不同意其诉请。

据调查，荔湾房屋是于某泊父亲于某泉与继母何某珍婚后购买的夫妻共同财产，根据于某泉1996年9月17日所作出的公证遗嘱，荔湾房屋全部产权归何某珍所有。因何某珍2001年去世时未立遗嘱，何某珍的法定继承人为其与前夫林某所育四个子女林某存、林某雄、林某好、林某莲。

同时，荔湾房屋真正权属人向某某法院提起物权保护诉讼，要求胡某、于某搬离房屋。但是，胡某、于某认为荔湾房屋的权属人并非林某好，又据此向某某法院提起所有权确权纠纷诉讼。

（三）争议焦点

争议焦点1：荔湾房屋的所有权归属；

争议焦点2：于某泊将荔湾房屋赠与胡某和于某的行为是否有效。

二 各方意见

1. 某某法院一审认为：因离婚协议书是真实意思表示，是于某泊对自己所有权的合法处分，该协议书合法有效。财产所有权合法转移后，一方反悔不予支持。因此，荔湾房屋的产权由胡某、于某各占二分之一。

2. 胡某、于某（即对方当事人）认为：荔湾房屋在于某泊与胡某离婚前，属于双方的夫妻共同财产；于某泊与胡某的离婚协议约定属于荔湾房屋给予胡某和于某，离婚后胡某和于某也一直居住于此，离婚协议有效，因此于某泊将荔湾房屋赠与胡某和于某的行为有效。

3. 于某泊以及林某好（即当事人）认为：荔湾房屋是父亲于某泉与继母何某珍婚后购买的夫妻共同财产，于某泉去世后据其公证遗嘱归何某珍一人所有，在何某珍去世后归其法定继承人，即其与前夫林某所育四个子女林某存、林某雄、林某好、林某莲所有；于某泊并非荔湾房屋的所有权人，因此其将荔湾房屋赠与胡某和于某的行为为无权处分，不具备法律效力。

三 审理结果及理由

（一）胡某、于某诉于某泊离婚后财产纠纷一案

1. 二审阶段：撤销一审判决，发回重审；

　　某某中院认为：于某泉所作出的公证遗嘱以及何某珍的法定继承情况，表明于某泊无权处分荔湾房屋，故本案出现新证据、新事实，直接影响本案当事人及案外人的合法权益。

　　2010年9月30日，某某中院判决撤销一审判决，并发回原审法院重审。

　　2. 重审一审阶段：驳回对方当事人的全部诉讼请求；

　　某某法院认为：根据于某泉所作出的公证遗嘱以及何某珍的法定继承情况，可以认定于某泊并非荔湾房屋的所有权人。同时，在本案审理期间，林某存、林某雄、林某好就继承纠纷另案起诉于某泊等人，该案一审判决于某泊继承荔湾房屋的行为无效，该案的二审结果为驳回上诉并维持原判。因于某泊未与何某珍共同生活，未形成扶养关系，不是第一顺序继承人，于某泊无权处分荔湾房屋。

　　2012年10月19日，某某法院作出判决，驳回胡某、于某的全部诉讼请求。

　　3. 重审二审阶段：驳回对方当事人的上诉，维持原判；

　　某某中院认为：原审认定事实清楚，处理正确，驳回胡某、于某上诉，维持原判。

　　（二）胡某、于某诉林某好的所有权确权纠纷：驳回对方当事人全部诉讼请求，并已申请执行完毕。

　　2014年6月10日，本案因胡某、于某迟迟不肯搬出荔湾房屋，荔湾房屋的实际权属人林某好向某某法院提起物权保护诉讼（以下简称物权保护案），某某法院判决胡某、于某限期搬出并支付租金，同时立案执行。

但是胡某、于某再次向某某法院提起所有权确权纠纷（以下简称确权纠纷），坚称荔湾房屋为其所有，某某法院因此裁定终结物权保护案的执行。对此，黄志勇律师接受林某好的委托，代理确权纠纷的一审、二审阶段。

2016年3月30日，某某法院以《离婚协议》中对荔湾房屋的处分已被生效判决认定为无效民事行为为由驳回了胡某、于某的全部诉讼请求。

2016年8月19日，某某中院以一审判决事实清楚、适用法律正确、处理恰当为由，驳回胡某、于某的上诉，维持原判。

林某好于2016年9月向某某法院申请恢复物权保护案的执行。

四 办案体会

本案从一开始判决荔湾房屋归对方当事人所有，历经四个案子多次庭审，在2009年至2016年长达7年之间，终于帮助我方当事人成功取回了其祖屋，可以说是实现了重大、成功的逆转。

对此，黄志勇律师总结了如下办案体会供分享，以期共同进步：

1. 要学会用"法眼"看待当事人的陈述。在原审一审中，于某泊并未委托律师代理，其在庭审中辩称："荔湾房屋是其父亲去世后遗留的房产，经过于某泊等四兄弟协商，于某泊负责房屋的出租和修缮，所收租金应当用于修缮房屋与拜祭，但是租金却一直被胡某私自占有，其签订《离婚协议》只是给胡某使用，而不能变卖，但是胡某不同意"，这样的反驳作为普通老百姓，只是在陈述事实，而且因为紧张、不了解法律等因素，往往是比较杂乱无章的。从其平白的语言中，我们要学会用法律思维看待，由此我们可以发现荔湾房屋的所有权人至少不会只有于某泊一人，而我们就应当先查清荔湾房屋的归属问题再去进一步探讨本案的应诉方案。

2.厘清法律关系，从源头找到推翻本案的关键。本案一开始的诉请所依据的是于某泊与胡某所签订的《离婚协议》，在一开始接触本案时，容易囿于离婚协议是否有效，而原审一审也确实是围绕协议的有效性进行审查的。但是我们根据当事人的描述，准确地发现了本案的房屋所有权归属存在问题，并在法律分析后，发现于某泊属于无权处分的事实，找到了本案的逆转所在。

3.注意调查取证，并及时申请法院调查取证。在后续的调查取证中，我们确实发现了要调查清楚荔湾房屋的产权，首先要搞清楚荔湾房屋的来源。在此期间，我们及时向某某中院申请调查取证，向广州市某区公证处调查于某泉的遗嘱情况，发现了于某泉1996年9月17日的遗嘱，成为本案发回重审的新证据。

4.密切关注关联案件的进展，寻求有利点。因为本案涉及多个法律关系，导致荔湾房屋的来源是比较复杂的，此时本案第三人就荔湾房屋继承事宜提起了另案诉讼，且极可能影响本案的结果，因此我们立即申请法院中止审理本案，并密切关注关联案件的进展。最终摘取关联案件的终审判决对我方有利的观点，帮助当事人获得了胜诉。

5. 案件的终结往往是新的开始。本案的目的是取回荔湾房屋，其性质是"祖屋"，也就是于某泊父亲这一家族的共同情感寄托。在于某泊离婚后财产纠纷一案中，胜诉只是第一步；真正取回荔湾房屋还需要法律意义上的真正权属人（即林某好）去请求法院执行。因此，我们在代理完于某泊本人离婚后财产纠纷一案后，又马上与林某好联系沟通，代理确权纠纷的一审、二审以及物权保护案的恢复执行阶段，最终才帮助于某泊以及其家族取回祖屋。至此，本案才是真正告一段落。

郑某某与周某、孙某峰、王某敏继承纠纷、房屋买卖合同纠纷系列案件逆转案例

撰稿人：秦岩、黄珏安①

一 基本案情

（一）当事人和代理人基本情况

叶某生：男，2009年在美国病故，1989年与郑某某在汕头市登记结婚，多年在外经商，在美国另有一配偶周某，叶某生与周某育有一子。

郑某某：女，1989年与叶某生在汕头市登记结婚，丈夫在外经商多年，郑某某在汕头老家生活，郑某某认识周某，认为其是叶某生的公司秘书，对丈夫叶某生在外与周某结婚的情况一无所知。

委托代理人：秦岩，广东金桥百信律师事务所律师

委托代理人：黄珏安，广东金桥百信律师事务所律师

周某：叶某生在美国的配偶，与郑某某相识多年，其知道郑

---

① 秦岩，广东金桥百信律师事务所高级合伙人；黄珏安，广东金桥百信律师事务所合伙人。

某某与叶某生的婚姻关系。

第三方买家：周某向第三方买家出售登记在叶某生名下的2套房屋，但因为郑某某的异议导致登记未能过户成功。

（二）案件基本情况

原配、情人、病逝丈夫名下的房产、第三方买家、纠缠多方的财产纠纷系列案件。

1.丈夫病逝，原配发现丈夫多年的婚外情，丈夫的情人恶意转移财产，郑某某向律师求助。

郑某某与叶某生于1989年在汕头市登记结婚，婚后叶某生先是在外地经商，随着事业的发展，叶某生长年在国外打理生意，郑某某则在老家照顾家庭。2009年叶某生在美国突然病逝，叶某生的大哥将叶某生的骨灰从美国带回老家进行安葬，郑某某悲痛之余也从叶某生大哥处得到一个如同晴天霹雳的消息。原来叶某生在外经商多年，已经秘密与一名女性周某同居并生育一子。由于周某与叶某生已在国外同居十多年，周某掌控了叶某生的全部财产，在叶某生病逝前已开始着手财产转移，并完成了大部分财产的转移手续。郑某某根据叶某生大哥的提示，得知周某打算处置叶某生名下在广州某核心区域的2套住宅，所以郑某某在2009年底从汕头老家赶到广州找到我所秦岩、黄珏安律师求助。

2.时间紧迫，财产随时会被转移，律师要紧急厘清办案思路。

我所秦岩、黄珏安律师了解了郑某某的情况后，认为本案案情复杂，周某正在转移的叶某生的2套房屋情况不明，时间非常紧迫。最终秦岩、黄珏安律师结合郑某某的情况以及经济能力在短时间厘清了具体的办案思路，先调查核实叶某生的房产具体情况，如房屋存在抵押，则发函给银行要求银行暂缓房屋的涂销手续，随后根据《物权法》关于不动产异议登记制度办理异议登记手续限制房产的转移，最后通过司法诉讼的途径为郑某某争取对叶某生名下财产的遗产继承。

3. 阻碍重重，银行拒不配合暂缓涂销，周某加紧转移财产，案件又突然涉及房屋买卖的第三方。

律师通过前期的调查工作，已查实叶某生名下房产的情况，并且发出律师函申请抵押银行暂缓办理涉案2套房屋的抵押涂销手续，并且到房管部门了解异议登记的流程（由于《物权法》是2007年颁布实施的，各地房管部门的异议登记制度在2009年时并未形成统一的规范办理流程）。但是过程并不顺利，首先是银行在收到律师函后并未配合郑某某的申请，悄无声息地根据周某提供的虚假继承公证文书办理了涉案房屋的涂销手续，房屋的过户已无障碍。其次周某利用手中的继承公证书通过中介低价吸引了第三方买家孙某峰、王某敏购买涉案房屋并且收取了全部房款，房屋正在办理交易过户的过程中。

4. 律师多线处理，稳住局面，在房管局出具了交易递件回执的同时成功完成了异议登记的全部手续，阻止了周某恶意转移财产的行为。

鉴于上述的紧急情况，律师陪同郑某某连续三天在天河区房管部门的咨询窗口、办公室、信访办不断沟通，最终成功办理了天河房管局的第一例房屋产权异议登记手续，并备注在房屋查册登记备注信息中。虽然作为第三方买家的孙某峰、王某敏业已取得房管部门的交易过户递件回执，但是最终我方成功阻止了房屋的交易过户，周某转移财产的目的暂时未能实现。

异议登记手续办理后，律师依法在法定时间内对周某提起继承纠纷的诉讼，锁定了异议登记的长期效力，至此在未经司法诉讼结果的最终确认前，涉案房屋不存在转移风险。

提起诉讼后，律师也同时到公证部门进行投诉以及反映情况，要求撤销周某通过虚假结婚证办理的公证文件。最终公证部门对上述文书依法予以撤销。

5. 继承案件、买卖合同系列纠纷一审均完全败诉，一审判决郑某某无继承权、房屋不属于夫妻共同财产、涉案房屋应当过给第三方买家。

第三方买家先起诉要求周某赔偿损失，其后在诉讼中突然变更诉讼请求，不但不要求周某追责赔偿，反而要求将涉案房屋过户到其名下，周某配合第三方买家应诉，企图通过司法途径转移房屋，损害郑某某的合法利益，最终我方一审败诉，判决要求将房屋过户给第三方买家。

第三方买家也提起确认房屋权利的诉讼，一审法院同样判决我方败诉，确认涉案房屋属于第三方买家所有。

郑某某起诉确认涉案房屋是夫妻共同财产，并对叶某生名下的财产进行继承的案件一审也败诉了，由于周某在一审出示了大量有瑕疵的境外大使馆认证文件，一审法院又确认了这些认证文件，因此法院认为周某与叶某生结婚在先又有遗嘱继承，判决驳回我方的全部诉讼请求，涉案房屋不属于郑某某所有。

根据上述一审败诉的结果，郑某某反而成为叶某生的"小三"，对财产没有任何权利、涉案房屋也属于第三方买家，彻底败诉。

6. 上述系列案件二审全部改判，涉案房屋属于郑某某与叶某生的夫妻共同财产，享有50%的权利。第三人要求过户、确权的案件均由二审法院驳回起诉及驳回诉讼请求，系列案件经过10年的多次诉讼最终实现逆转。

上述系列案件一审败诉后，律师通过整理一审的证据，逐一整理周某虚假证据的瑕疵点，坚持诉讼思路，坚定了郑某某上诉的决心。二审庭审中律师向二审法院充分陈述周某与第三方交易的瑕疵以及周某提供的虚假证据中的各个漏洞，同时坚持认为郑某某才是叶某生的原配，理应享有涉案房屋的权利。最终二审全部改判，最终判决涉案房屋不属于第三方买家、涉案房屋属于夫妻共同财产，郑某某享有50%的产权。

第三人要求继续履行合同、确权、过户的诉讼请求，由于已经确定了周某为无权处分损害了郑某某作为产权人的权利，该主张均由二审法院驳回诉讼请求。

二审案件实现逆转后，周某再提出再审、抗诉，最终并无改变结果。第三人长期霸占涉案房屋，律师通过要求第三人腾退的诉讼也得到法院的支持，要求第三人限期内腾退并支付占用费。律师通过长达10年的代理工作，最终成功维护了郑某某的合法利益，为郑某某挽回了近千万的损失。

（三）争议焦点

争议焦点1：郑某某与叶某生的结婚时间与周某主张与叶某生

结婚时间的先后顺序；

争议焦点2：涉案房屋是否属于夫妻共同财产；

争议焦点3：房屋买卖合同纠纷中第三方买家是否属于善意第三人；

争议焦点4：第三方买家支付全部房款并实际收楼使用，是否有权取得涉案房屋的物权权利；

争议焦点5：第三方买家的损失应当向谁主张、是否有权占有使用他人的房屋。

二 | 各方意见

1. 周某认为其在美国的结婚登记在郑某某与叶某生登记前，其婚姻是合法有效，郑某某的婚姻属于无效婚姻。涉案房屋是周某的财产，郑某某对涉案房屋并无任何贡献。且周某自己为叶某生生前支付了大量的治疗费用，有巨额负债。根据遗嘱，其有权享有涉案房屋的产权份额。

2. 第三方买家认为其属于善意第三人，其向周某支付了全部购房款并实际使用占有房屋，应当认为其是涉案房屋的产权人，周某、郑某某必须配合其办理相关的过户手续。

3. 郑某某认为涉案房屋是其与叶某生的夫妻共同财产，其婚姻关系合法有效，周某在1989年之前根本不可能去美国，更加不可能在美国与周某结婚，周某提供的文件是虚假的，也是孤证，不能作为定案的依据。

三 审理结果及理由

1. 由于周某没有合法有效的证据证明其结婚的时间早于郑某某的结婚时间，因此郑某某与叶某生的结婚时间早于周某与叶某生在国外的结婚时间，郑某某与叶某生的婚姻有效合法。

2. 涉案房屋属于郑某某与叶某生的夫妻共同财产，郑某某对涉案房屋享有50%的产权份额。

3. 由于涉案房屋在过户前已成功办理了《物权法》规定的异议登记，即便第三人取得递件回执，第三人买家孙某峰、王某敏也不属于善意取得的第三人，不能取得涉案房屋的物权。

4. 由于周某的无权处分行为，第三方买家的损失由第三方买家向周某主张，第三方买家应当退出涉案房屋并且对占用涉案房屋期间支付房屋使用费。

四 办案体会

1. 本继承纠纷案件中存在大量的境外证据，有部分证据无法查证、只能通过大量细节瑕疵来否定其合法性。

2. 房屋买卖合同纠纷案件中周某与第三方买家相互配合，第三方买家支付了全部的购房款并实际入住涉案房屋，而且社会资源丰富，导致一审案件无论是从程序上还是实体审理上，我方均极度被动。

3. 整个系列案件存在十几个诉讼案件，处理之间长达十余年，在二审改判前，无论是庭审还是庭外协商，我方均处于不利的局面。

4. 周某利用虚假文件作出公证书后，成功撤销已经生效的公证文件难度极大。

5. 案件的办理思路以及具体操作要根据当事人的实际情况以及经济能力制定，本案中在当事人无经济能力做诉讼保全时，根据相关法律规定赋予的权利进行异议登记，从而达到与诉讼保全同样的结果。

6. 在无法全面核实境外证据是否真实合法的情况下，通过对其他合法有效境外证据进行比对，在细节中发现问题以及瑕疵，通过整理以及对比向法院陈述，通过推定否认该瑕疵证据的合法性。

7. 通过司法途径去实现当事人的权利是一个漫长的过程，克服前期的挫败，坚持到底才能取得最后的胜利。

A银行诉B公司财产损害赔偿纠纷案

撰稿人：马丹①

一 基本案情

（一）当事人和代理人基本情况

原告（被上诉人）：A银行

委托代理人：马丹，广东金桥百信律师事务所律师

被告（上诉人）：B公司

（二）案件基本情况

2012年8月，A银行与C公司签署《授信额度合同》和《有追索权国内保理业务合同》，约定C公司将其对B公司所享有的应收账款债权转让给A银行，A银行据此向C公司提供融资。

合同签署后，A银行根据C公司先后提供的六份《煤炭购销合同》分别向C公司发放了六笔保理融资，每一笔业务操作中均取得了加盖B公司公章的《应收账款转让确认书》（同时附转让

---

① 广东金桥百信律师事务所合伙人。

账款明细）、B公司副总经理签收相应货款增值税发票的《发票签收单》，并在事后和B公司进行了应收账款对账。前五笔业务中，B公司均足额将应收账款支付至A银行指定账户，以此归还了C公司的融资款。但第六笔以银行承兑汇票形式发放的融资未能如期归还，A银行向B公司追款时B公司表示不存在该笔交易和应付货款，《应收账款转让确认书》所加盖B公司公章系伪造，B公司无付款义务，遂导致A银行已经垫付的银行承兑汇票本金23872742元及利息无法追回。

案发后，B公司于2014年1月24日向公安机关报案。该案在2017年9月8日经法院审理后出具终审判决，法院查明：自始至终C公司与B公司之间并无真实煤炭贸易，C公司实际控制人（以下简称刑事被告人）利用虚假交易骗取银行贷款，最终判决被告构成贷款诈骗罪、合同诈骗罪、票据诈骗罪，并在刑事判决中判决被告对A银行损失予以退赔。

此外，A银行于2014年以金融借款合同纠纷为案由，请求C公司、B公司及相关保证人依据合同约定承担还款责任，但一、二审人民法院均以刑事案件已经对A银行损失作出退赔为由，驳回A银行起诉。

以上两案判决后，A银行认为仅依靠刑事判决的退赔责任无法弥补损失，且B公司明知和C公司之间不存在真实煤炭交易，仍配合C公司提交虚假资料，构成侵权，应当就A银行损失承担赔偿责任，故于2018年3月以财产损害赔偿责任纠纷为案由起诉至人民法院。

（三）争议焦点

争议焦点1：A银行提起本案诉讼是否符合民事案件受理范围，是否存在重复诉讼；

争议焦点2：A银行提起本案诉请是否已经超过诉讼时效期间；

争议焦点3：B公司是否应对A银行的损失承担赔偿责任；

争议焦点4：A银行对其损失是否存在过错；

争议焦点5：B公司对系争损失如何承担赔偿责任。

二 各方意见

（一）原告意见

1. A银行提起本案损害赔偿纠纷之诉程序合法。（1）本案不构成重复起诉。与2014年案件比较，本案诉讼主体、诉讼请求存在明显区别，且前案并未对B公司的责任承担做出实体性处理，因此不存在实质性否定前案裁判结果的情况。（2）本案并未超过诉讼时效。本案以侵权责任为基础，而对B公司侵权行为的认定以刑事案件生效判决所查明事实为依据，刑事案件判决于2017年9月8日作出，此时A银行才知道B公司存在侵权行为，因此A银行提起本案诉讼并未超过诉讼时效。（3）本案不应以涉及刑事犯罪为由予以驳回。本案虽涉及刑事犯罪因素，但刑事案件已经作出生效判决，且由于B公司并非刑事被告人，并没有对B公司的行为性质和法律责任作出任何处理，所以A银行有权以另行提起民事诉讼方式主张损害赔偿责任。（4）本案不存在选择合同之债诉讼之后，再次以侵权之债为由提起诉讼的情况。2014年诉讼时，A银行无从判断B公司是否存在侵权行为，当时以金融借款合同纠纷为案由提起诉讼，并无不当也不构成在合同之债和侵权之债竞合情况下的选择诉讼。在2017年刑事案件生效判决出具后，A银行依据案件查明事实确认B公司存在侵权行为，遂提起本案诉讼，是在新事实、新证据基础上提起的诉讼，因此在先诉讼不构成本案的程序障碍。

2.B公司构成侵权，依法应当就A银行损失承担赔偿责任。（1）B公司明知和C公司的交易是虚假交易且C公司利用该虚假交易和虚假应收账款向A银行办理贷款，但始终未将事实真相告知A银行，反而在前五笔虚假煤炭交易中，均面签了《应收账款转让确认书》、签收了交易发票，按照A银行要求将应收账款支付至指定监管账户。以上行为帮助C公司骗取A银行信任。（2）在导致银行产生损失的案涉第六笔交易中，对应收账款转让进行确认时，B公司也明知加盖在《应收账款债权转让通知书》的公章是伪造的，但其仍然未告知A银行，主观过错明显。（3）依据案涉《有追索权国内保理业务合同》规定，A银行给C公司开具银行承兑汇票并予以兑付的前提是：C公司对B公司存在真实的应收账款且该账款已经转让给A银行。因此，事实上应收账款对贷款起到了担保作用，也是贷款发放的前提。B公司侵权行为与A银行损失之间存在因果关系。（4）B公司虽事后就伪造公章进行报案，但报案之前A银行已经按照规定兑付银行承兑汇票款项，不能免除其赔偿责任。

3. A银行自始至终依法依规操作，不存在任何过错。（1）就本案所涉保理贷款，经监管机构调查，并未认定A银行存在违规行为，可见A银行在案涉交易过程中完全是依法依规操作，尽到了审核义务。（2）虽然就第六笔交易，A银行所获取的前后两次《应收账款转让确认书》记载的付款时间有变化，但B公司对此没有提出异议，A银行有理由相信是B公司和C公司协商变更的付款时间，且该时间离银行承兑汇票到期日尚有18天，足以保障A银行在汇票到期日之前收到相应应收账款从而避免产生垫付汇票款的损失，A银行予以接受也合乎情理。

4. 刑事案件判决的退赔责任不构成免除B公司赔偿责任的合法理由，A银行仍有权单独就B公司侵权行为主张赔偿责任，其赔偿责任范围包括案涉本金和利息部分。（1）从法理上讲，刑事案件所作出的退赔处理依赖于国家公权力所采取的公力救济，这种公力救济不能直接否定或排除受害人以民事诉讼途径向其他责任人员追索赔偿责任的权利。因局限于刑事被告的范围和刑事被告赔偿能力的限制，退赔的公力救济不能保证被害人的完整利益，不能弥补被害人全部损失。因此，本案中B公司作为侵权人，同样应当对A银行的损害承担赔偿责任。（2）A银行因本案B公司侵权行为所遭受的损失和在刑事案件中作为受害人所遭受的损失具有同一性。该损失显然不能局限于本金部分，由于资金被骗取，长期无法收回，必然存在利息损失，且A银行所主张利息具有承兑合同约定依据，属于可预期利益，这种利息损失应当包括在损害赔偿范围内。

（二）被告意见

1. 本案与A银行在2014年提起的合同之诉系重复诉讼。A银行在2014年就同一事实已经以合同之诉为案由提起诉讼，且由两级法院做出驳回起诉处理。本案再次提起诉讼违背"一事不再审"原则，且在选择了合同之诉之后，再次以侵权案由提起诉讼构成重复诉讼。

2. 本案起诉时已超过诉讼时效。A银行承兑汇票垫付款项损失产生于2014年1月8日，同年8月提起合同之诉。在本案立案前A银行未就其损失向B公司主张侵权责任，在先诉讼也不构成对侵权损害赔偿纠纷的诉讼时效中断，因此本案起诉时已经超过诉讼时效。

3. 经刑事判决认定，A银行损失由刑事被告人的犯罪行为所导致且已经由刑事判决确认退赔，案涉第六笔交易所涉及资料中加盖的B公司公章系刑事被告人伪造，B公司对此不知情，且B公司负责人是在刑事被告人口头胁迫下签收相应通知单，且事后已经报警。证明B公司在涉案贷款办理、发放过程中并无过错，也不存在侵权行为，不应承担赔偿责任。

4. A银行在办理业务过程中没有依法依规进行，不严格履行审慎义务，包括没有对涉案业务进行调查核实、没有到现场核实是否真实存在货物交付、在刑事被告人将交易所涉及发票注销后长达半年未提出质疑。综上，A银行自身存在过错，应当就其过错行为自行承担损失。

三 审理结果及理由

（一）一审判决

经审理，一审法院判决：就A银行所产生本金及利息损失，不能从刑事判决中受偿部分由B公司承担补充赔偿责任。具体理由如下：1. 生效刑事判决并未涉及B公司是否需要对A银行的经济损失承担法律责任，本案为财产损害赔偿纠纷，A银行以被告侵权为由主张财产损害赔偿，符合民事诉讼法第一百一十九条的规定。2. A银行虽然在2014年向法院提起诉讼，但该法院是以程序方式驳回起诉，并未对A银行实体权利做出处理，现A银行要求B公司承担损害赔偿责任，不存在重复诉讼问题。3. 本案中，A银行因承兑汇票发生垫付款后，已于2014年向法院起诉B公司主张债权，诉讼时效依法中断，并于2017年8月5日法院就该案做出终审裁定后重新起算，因此A银行于2017年8月5日提起本案诉讼，没有超过法律规定的诉讼时效。4. B公司法定代表人和副总经理作为完全民事行为能力人以及B公司的代表，在A银行员工见证下，在前五笔交易的《应收账款债权转让通知书》和发票签收单上盖章、签字，其理应清楚该确认行为的法律后果，其职务身份足以令A银行有理由相信B公司对C公司负有应付账款债务的事实。虽B公司声称受胁迫签收上述文件，但没有提供证据佐证。此外，B公司抗辩称第六笔交易的《应收账款债权转让通知书》上的公章为虚假印章，且事后已经报警。但该印章加盖时B公司法定代表人和副总经理均在现场，在发现刑事被告人使用伪造印章情形时未予以制止和及时通知原告，可见B公司的工作人员对该行为持放任态度，主观上存在明显过错，其事后报警行为不改变印章使用时所导致的法律后果，B公司应对A银行的损失承担相应的赔偿责任。5. 本案A银行损失系刑事被告人实施犯罪行为直接导致，B公司工作人员的放任行为是造成A银行未能及时发现犯罪行为并采取相应减损措施的直接原因，故B公司应对刑事判决不能实现的退赔部分承担补充赔偿责任。本案中没有证据显示A银行存在过错，作为合同善意相对方，有权按照《有追索权国内保理业务合同》的约定主张利息。

（二）二审判决

B公司对一审判决不服，提起上诉。二审法院经审理，认为A银行未能提供证据证明案涉第六笔交易的第一次应收账款转让是和B公司工作人员面签情况下确认的，且在B公司两次未按时付款且相关交易发票曾注销的情况下，A银行未能提高警惕，因此A银行在本案保理业务中也存在审核不严的问题，综合考虑双方的过错程度以及各自行为对损失的原因力大小，酌情改判B公司对A银行的本金损失承担80%的赔偿责任。利息损失调整为以本金为基数自放款之日起按中国人民银行同期贷款基准利率以及全国银行间同业拆借中心公布的同期贷款市场报价利率计算，A银行从刑事判决汇总所获得退赔款项予以扣除。

四　办案体会

本案所涉及 A 银行经济损失发生于 2013 年，迁延至 2018 年本案立案时已先后经过民事和刑事多次诉讼，且 A 银行此前通过民事诉讼追索损失的努力均告失败。基于最高人民法院《关于在审理经济纠纷案件中涉及经济犯罪嫌疑若干问题的规定》第十一条关于"人民法院作为经济纠纷受理的案件，经审理认为不属经济纠纷案件而有经济犯罪嫌疑的，应当裁定驳回起诉，将有关材料移送公安机关或检察机关"的规定，司法实践中对于刑民交叉案件，在刑事案件判决前，各级人民法院对于民事案件部分普遍性地会以涉及刑事案件为由驳回起诉。如果刑事案件对受害人损失做出了退赔处理，法院通常也会以此为由驳回受害人对刑事被告人之外的其他责任人的民事起诉，导致受害人权益难以实现，所遭受损失无法得到弥补。同时，刑事被告人之外的其他责任人由此逃脱法律惩处，损害了法律的公平性和权威性。在此司法环境背景下，本案最终能够进入实体审理且取得胜诉结果可谓实属不易。这不仅对受害人权益保障、社会经济活动的稳定和安全均具有重大意义，对同类案件的审理也极具参考价值。

本案一审判决出具后，最高人民法院于 2019 年 11 月 8 日公布《全国法院民商事审判工作会议纪要》（以下简称《九民会议纪要》），在该纪要的第一百二十八条中对于刑民交叉案件规定，有条件的要进行分别审理，并明确指出对于符合该条规定条件的案件，人民法院以民商事案件涉嫌刑事犯罪为由不予受理或裁定驳回起诉的应予纠正。该规定的出台对刑民交叉案件分别审理打开了突破口，统一了裁判思路，对刑民交叉案件的处理也具有非常积极的指导意义。

此外，本案二审法院对于Ａ银行自身过错的认定，并由此改判Ｂ公司承担80%的赔偿责任，这一判决结果也对商业银行的经营提出了警示和更高的要求。本案中虽然Ａ银行陈述在每一笔保理融资交易中均派遣员工和Ｂ公司法定代表人等人员当面确认基础交易的真实性和应付账款的数额、转让事实，但对于这种面对面确认行为（尤其是本案所涉及第六笔交易的确认）并未采取录音、录像或书面确认等方式予以记录，导致无法提供证据证明面签事实。此外，法院也认定在Ｂ公司两次未按时付款且相关交易发票曾注销的情况下，银行未能提高警惕，仍于承兑汇票到期日垫付款项，最终产生经济损失。虽然对于法院最终判决的责任承担比例我们感到遗憾和惋惜，但更应当关注的是：该判决结果也让商业银行充分意识到了保理融资业务的高风险性。为了防止损失产生，今后对同类业务的操作必然需要更加强化和完善风控措施，这也是金融业务领域律师需要进一步研究的重要课题。

不当减资股东应对公司债务承担补充赔偿责任

撰稿人：黄顺华、陈洁①

一　基本案情

（一）当事人和代理人基本情况

原告：HY公司

委托代理人：黄顺华，广东金桥百信律师事务所律师

陈洁，广东金桥百信律师事务所律师

被告：黄某某、苏某坤

（二）案件基本情况

2006年7月，HY公司与JX公司签订《租赁合同》，约定JX公司自HY公司处承租场地，按月缴纳租金、水电费和管理费等。JX公司2016年上半年多次拖欠应付款，并自2016年4月起开始拒付款项，HY公司于2016年5月正式发函催租，未果后，HY公司于2016年11月通知解除合同，且提起仲裁。仲裁委于

---

① 黄顺华，广东金桥百信律师事务所高级合伙人；陈洁，广东金桥百信律师事务所律师。

2017年4月裁决确认合同解除，JX公司应按合同约定向HY公司支付租金、水电费、管理费和滞纳金以及仲裁费等。HY公司于2017年6月向法院申请强制执行，后因JX公司无可供执行的财产，法院裁定终结本次执行。

经查询工商内档发现：早在2016年5月31日，JX公司即召开股东会，审议通过注册资本由原来2000万元减资至200万元；2016年6月1日，JX公司在《羊城晚报》上刊登减资公告；2016年9月，JX公司再次召开股东会，决议事项包括"4.同意注册资本变更为200万元，股东黄某某由600万元减资至60万元，股东苏某坤由1400万元减资至140万元……6.至2016年9月6日止，JX公司的债务已清偿完毕，如有遗漏，由股东按原出资额承担清偿责任"等，决议上显示有股东黄某某、苏某坤的签字，并在当天办理完成减资工商登记；2017年3月6日，黄某某转账400万元进入JX公司账户，JX公司于同月16日和21日分别转账120万元和280万元进入黄某某和苏某坤的银行账户，苏某坤于2017年3月21日转账280万元进入黄某某账户。整个减资过程中，JX公司从未向HY公司发过任何通知。

2017年同年10月，HY公司向法院提起诉讼，诉请JX公司股东黄某某、苏某坤在减资1800万元及利息的范围内对HY公司在前述裁决书中未受清偿的债权承担补充赔偿责任。

在诉讼过程中，苏某坤以其不同意减资且未在减资决议上签字为由主张减资无效，并申请笔迹鉴定；鉴定结果显示：2016年9月JX公司股东会决议中"苏某坤"签名笔迹与苏某坤笔迹样本不是同一人所写。同时，在2018年1月25日，苏某坤与黄某某分别向 JX 公司账户转入 280 万元、120 万元，JX 公司在收款当日随即将 400 万元转入黄某某账户。

（三）争议焦点

本案的争议焦点在于股东黄某某、苏某坤是否应在减资范围内就 JX 公司债务向 HY 公司承担补充赔偿责任。具体可细分为如下几点：

争议焦点1：JX 公司的减资行为是否已经完成；公司内部股东会决议效力能否对抗外部债权人。

争议焦点2：在减资时，HY 公司是否为 JX 公司的已知债权人；JX 公司的减资程序是否存在瑕疵；苏某坤、黄某某因就减资程序不当如何承担法律责任。

争议焦点3：减资行为对债权人利益造成损害如何认定；是否必须以股东实际取得减资款为前提。

二　各方意见

（一）原告（HY 公司）代理人意见

1. 苏某坤自始充分知晓并积极推动减资事宜：（1）苏某坤作为持股70%的大股东，对 JX 公司事务有绝对话语权，减资的财务处理、刊登公告、工商备案等都需要使用公章、法定代表人签署文件，没有大股东苏某坤认可及配合，根本不可能完成；（2）若苏某坤真的不同意减资，其完全可以在第一时间纠正，而其在本案起诉之后才提出抗辩称其不同意减资，且至今未采取任何实质性行动；（3）苏某坤若真的不同意减资并在2017年3月退还减资款，其也应当退还给JX公司而非黄某某；（4）苏某坤、黄某某在2018年1月退减资款的行为，应当退的是1800万元，而非400万元，前述资金流动行为不是恢复原状的行为，而是掩饰不当减资、试图逃避债务的行为，且JX公司并未实际收到款项；（5）JX公司多年以来数次工商备案提交资料中"苏某坤"签名与2016年9月6日股东会决议"苏某坤"签名为同一人签署，因此即使2016年9月6日股东会决议不是苏某坤本人签名，也是其授权第三人签署，或其对第三人签署是默许的。

2. 本案非公司决议纠纷，而是公司减资纠纷，股东会决议是否成立和有效，均无法抹杀JX公司已经完成减资这一客观事实，且至今，JX公司工商备案及章程登记的注册资本仍为200万元，依据商事外观主义原则，不论股东会决议效力如何，JX公司减资行为已经完成，不影响其股东对外部债权人的责任。

3. JX公司在减资时就已对HY公司拖欠租金，且JX公司、苏某坤、黄某某对案涉租赁合同均清楚，其必然知晓每月会产生新的债务，因此HY公司是JX公司的已知债权人。JX公司减资时对HY公司这一已知债权人，未尽到直接通知的义务，而只是刊登公告，程序明显不符合《公司法》第一百七十七条第二款："公司应当自作出减少注册资本决议之日起十日内通知债权人，并于三十日内在报纸上公告。……"的规定，导致HY公司丧失要求提供担保或提前清偿债务的机会，JX公司偿债能力也遭受贬损，HY公司的债权遭受损害。

4. 因JX公司减资时未通知HY公司，对HY公司债权造成损害：（1）HY公司对减资不知情，导致丧失在JX公司减资前依法要求提供担保或清偿债务的机会，对债权的这一损害已经现实造成，且不可逆。（2）减资必然导致JX公司偿债能力的降低，直接给HY公司债权实现带来不利影响。苏某坤、黄某某是否承担责任并不以其是否实际取得减资款为前提，而应以其是否对HY公司权利造成损害及是否存在过错为前提。（3）苏某坤、黄某某并未充分证明其未实际取得减资款：a. 苏某坤、黄某某提交部分银行账户流水，不能证明JX公司没有其他账户；b. JX公司完全可以通过债务抵销方式向苏某坤、黄某某转让实物、财产权益等完成减资，而该等方式不会发生资金的流动。

5. 苏某坤、黄某某对JX公司不当减资存在共同的重大过错，应参照《最高人民法院关于适用〈中华人民共和国公司法〉若干问题的规定（三）》第十四条第二款："公司债权人请求抽逃出资的股东在抽逃出资本息范围内对公司债务不能清偿的部分承担补充赔偿责任、协助抽逃出资的其他股东、董事、高级管理人员或者实际控制人对此承担连带责任的，人民法院应予支持；……"的规定，二人共同（连带）承担补充赔偿责任。

（二）被告代理人意见

1. 苏某坤对JX公司减资事宜不知情：苏某坤未参与JX公司的日常经营管理；2015年7月以来，苏某坤一直处于生病休养期间，公司管理层认为基于一些工商登记类程序性业务，没有知会苏某坤；苏某坤没有在股东决议上签字，2017年3月苏某坤知悉后，反对公司在没有资金的情况下借款减资，并立即叫停减资。

2. 苏某坤未在2016年9月股东会决议上签字，减资未达成股东合意，无论是否在工商机关办理备案，该减资决议自始不成立，不发生法律效力。

3. JX公司错误地实施减资登记，但并未向股东分配减资款，公司偿债能力没有下降：股东苏某坤、黄某某已履行完毕出资义务；股东苏某坤、黄某某没有实际取得减资款；虽然工商登记形式上JX公司的注册资本从2000万元变成了200万元，但JX公司并没有因为该减资活动导致资金的流失或偿债能力的下降。

4. JX公司试图减资时，对HY公司的租金已经基本结清，HY公司不是JX公司的已知债权人，JX公司通过公告方式通知债权人符合法律规定；即使公告通知存在瑕疵，也不应导致股东承担1800万元的补充责任，在通知减资时，JX公司并不拖欠HY公司1800万元；不当出资与抽逃出资不能等同。

三 审理结果及理由

广州市某某区人民法院经审理，作出一审判决认为：虽然JX公司在工商登记上显示的注册资本及相关信息已发生变更，但苏某坤作为JX公司大股东，在减资的股东会决议的签名并不属实，也无其他证据证明苏某坤同意该等决议，该决议无效，JX公司的减资行为不符合法律规定，应认定无效。JX公司应按照未减资的工商登记情况向原告履行义务，苏某坤及黄某某的出资时限尚未届满，也不存在股东承担责任的其他法定情形，故驳回原告诉讼请求。

原告不服向某某市中级人民法院提起上诉，二审法院经审理认为：

首先，关于JX公司是否已将注册资本从2000万元减少至200万元的问题。2016年9月，广州工商局某某分局的《准予变更登记（备案）通知书》确认JX公司的注册资本由2000万元变更为200万元，因此JX公司的减资程序已完成。但另一方面，自2016年9月13日至今，苏某坤和黄某某并未对工商登记的JX公司减资事宜提出异议，也未对相关股东会决议产生争议或提起诉讼，一审法院径行以苏某坤在减资的股东会决议签名不实为由，认定决议无效，进而认定减资行为无效，显属不当。

其次，关于苏某坤、黄某某应否就JX公司的减资向HY公司承担损害赔偿责任的问题：第一，各方对黄某某明知且参与JX公司的减资事宜并无争议，本院予以确认。第二，关于苏某坤以"事前并不知晓、事后表示反对减资"为由对抗HY公司的诉请是否成立的问题：1.虽然经笔迹鉴定显示2016年9月JX公司股东会决议中"苏某坤"签名笔迹与苏某坤笔迹样本不是同一人所写，但是苏某坤已确认其签名存在长期由他人代签的情形，且综合其他事实，可以认定苏某坤对JX公司的减资是知情且同意的；2.即使苏某坤主张属实，因本案为减资纠纷，处理的是公司内部股东和公司外部债权人之间的损害赔偿纠纷，公司内部的减资程序问题，并不能作为公司的大股东对抗外部债权人的充分理据；因此，苏某坤的本项抗辩意见不能成立。第三，根据《公司法》第一百七十七条规定"公司需要减少注册资本时……应当自作出减少注册资本决议之日起十日内通知债权人……"如上所述，JX公司将注册资本由2000万元减少至200万元，显然降低了JX公司的责任能力，而且，上述法律规定的公司决定减资时应通知债权人，并不以公司在减资过程中是否向股东分配减资款为前提，故苏某坤、黄某某以此由主张不需向HY公司承担赔偿责任的理由不能成立。且，JX公司未将减资事宜通知HY公司，导致HY公司丧失了要求JX公司清偿债务或提供相应担保的权利，侵害了HY公司的合法权益。

最后，关于苏某坤、黄某某因JX公司减资应向HY公司承担的具体责任问题。《公司法》第三十五条规定"公司成立后，股东不得抽逃出资"、《最高人民法院关于适用〈中华人民共和国公司法〉若干问题的规定（三）》第十四条第二款规定"公司债权人请求抽逃出资的股东在抽逃出资本息范围内对公司债务不能清偿的部分承担补充赔偿责任、协助抽逃出资的其他股东、董事、高级管理人员或者实际控制人对此承担连带责任的，人民法院应予支持"，经审查，我国法律并未明确规定公司减资过程中未及时通知已知债权人的情形下，公司股东应对公司债权人承担的具体责任大小和范围，但鉴于该情形在本质上与股东违法抽逃出资的实质以及对债权人利益受损的影响相同，故本院参照上述法律、司法解释的规定，认定本案中苏某坤应在减资1260万元（1400万—140万元）、黄某某应在减资540万元（600万—60万元）范围内对HY公司在前述裁决书中未受清偿的债权承担补充赔偿责任。HY公司主张超过上述认定的部分，本院予以驳回。

四 办案体会

公司注册资本对内对外都具有重大意义。对于公司股东而言，其不仅负有按认缴金额和期限完成出资的义务，还负有保持公司注册资本充实的义务和责任，不得抽逃出资或随意减少出资，即使确有需要进行减资，也应当按法定程序进行。

根据《公司法》第一百七十七条第二款规定"公司应当自作出减少注册资本决议之日起十日内通知债权人，并于三十日内在报纸上公告。债权人……有权要求公司清偿债务或者提供相应的担保"，公司在减资时负有直接通知债权人和登报公告的义务，对于已知或应知的债权人，必须以通知的方式告知债权人，而不能以公告的方式简单替代，否则即属于程序不当。

本案中，尽管公司法规定公司减资时的通知义务在于公司，但公司是否减资系股东会决议的结果，是否减资以及如何进行减资完全取决于股东意志，股东对公司减资的法定程序及后果亦属明知，同时，公司办理减资手续需股东配合，对于公司通知义务的履行，股东亦应当尽到合理注意义务。否则即视为股东存在过错，基于该等过错，股东对公司债务承担补充赔偿责任。

股东在对公司减资时未履行通知义务是否应对债权人承担赔偿责任，不以股东是否实际取回减资款为前提，而是应以是否对债权人的权利造成损害为前提。公司减资未通知已知债权人，使得债权人丧失了减资前要求公司清偿债务或提供担保的机会，无论股东是否实际取得减资款，债权人权利都已遭受损害，我国公司法也并未区分形式减资和实质减资。但在司法实践中，对此问题也确实存在争议，确有判例认为股东承担补充赔偿责任以给公司财产造成减损为前提条件，尚有待统一裁判标准。值得注意的是，最高院近期有案例明确区分形式减资和实质减资，而对股东责任予以不同的处理。

关于股东承担责任的方式，我国法律并未就此种情形下股东的责任承担方式作出明确规定，但是这种行为本质上与抽逃出资并无不同，所以在司法实践中普遍参照抽逃出资的规定认定股东责任，即股东在减资本息范围内对公司债务不能清偿的部分承担补充赔偿责任。

本案中不无遗憾的是，二审法院未能支持黄某某和苏某坤对对方的补充赔偿责任承担连带责任，支持股东承担补充赔偿责任的范围也仅限于本金，忽略了减资利息。这两个问题在司法实践中均有其他案例得到支持，包括最高院公报案例。

袁某义商标侵权一案

撰稿人：杨倩①

一 基本案情

（一）当事人和代理人基本情况

上诉人（原审被告）：袁某义

委托代理人：杨倩，广东金桥百信律师事务所律师

徐碧瑶，广东金桥百信律师事务所律师

被上诉人（原审原告）：YH公司

（二）案件基本情况

原告YH公司是涉案第××××453号A注册商标的权利人，2015年12月，原告发现被告袁某义所经营的店铺及相关产品上使用了B图案，认为使用该图案侵犯了其第××××453号注册商标专用权，遂向某某区人民法院提起本案诉讼。被告一审败诉后委托广东金桥百信律师事务所杨倩律师团队为其提供法律

---

① 广东金桥百信律师事务所律师。

服务，二审争议焦点在于：被诉侵权标识B与YH公司享有的第××××453号注册商标是否构成近似商标，法院对于"商标主要部分"没有完全统一的标准认定，我方律师据理力争，最终二审法院认定被诉侵权标识与涉案注册商标不构成近似，判决撤销一审判决并驳回了一审原告的全部诉讼请求。

（三）争议焦点

被诉侵权标识B与YH公司享有的第××××453号注册商标是否构成近似商标。

二　各方意见

上诉人（原审被告）观点：1.一审判决关于被诉侵权标识与涉案商标的近似判断错误。涉案商标的显著性在于三个主要部分图案呈侧立的品字状排布，该三个主要部分单独或每两部分的组合不具显著性，被诉侵权标识与涉案商标无论是从整体结构还是主要部分的比对都具有显著区别，两者既不相同也不近似。2.被诉侵权标识具有较高知名度，经过使用具有更高的显著性，袁某义不存在攀附及"搭便车"的故意。3.未经注册的商标亦可合法使用，袁某义使用被诉侵权标识的行为并未侵害YH公司的商标专用权。4.YH公司从未使用涉案第××××453号注册商标，且存在不规范使用商标的行为。

被上诉人（原审原告）观点："某茶"并非茶叶或者某一类茶

叶的通用名称，"A-1"图案亦非某一类奶茶饮品店的通用标识；1.被诉侵权标识与涉案商标的各部分图案近似，且各部分构图方式、排列位置相似，故将两者进行整体比对，难以认为存在明显区别；2.袁某义所称的加盟商至今没有一家直营店，仅通过技术转让合同的方式收取加盟费，从未实际使用涉案所谓的授权商标，何来品牌知名度；3.YH公司广泛、长期、完整使用涉案商标。

三 审理结果及理由

某某知识产权法院判决：一、撤销广州市某某区人民法院（2017）粤××××号民初××××号民事判决；二、驳回YH公司的全部诉讼请求。

某某知识产权法院认为第××××453号注册商标整体上具有显著性，而并非仅体现在A-1要素上，虽然YH公司提交了荣誉证书等证据，但上述证据所涉及品牌为"某茶"，并未显示与本案注册商标是否存在关联性。现有证据不能证明第××××453号注册商标通过实际使用获得了知名度。

经对比袁某义使用的被控侵权标识与第××××453号注册商标，从三个组成要素的构图分析，两者亦存在明显区别。可见，被诉侵权标识与涉案注册商标相同的部分仅在于构成要素之一的A-1部分，如前所述涉案商标的整体图案具有显著性，而非仅体现在A-1要素上，故从整体对比分析，被诉侵权标识与本案注册商标不构成近似。

四 办案体会

知识产权纠纷相较于其他民商事纠纷更为抽象，本案商标纠纷，一二审判决完全不一致的原因是，法院对于"商标主要部分"没有完全统一的意见。因此在办理商标案件过程中，检索基本的法条根本没办法达到需求，还需要正确理解法律条文所折射出来的观点，进行商标的对比，参考大量实践案例，方能准确把握制胜关键。

DS公司执行异议一案

撰稿人：何力新、陈小茗①

一 | 基本案情

（一）当事人和代理人基本情况

异议人（被执行人）：DS公司

委托代理人：何力新，广东金桥百信律师事务所律师

陈小茗，广东金桥百信律师事务所律师

申请执行人：张某

（二）案件基本情况

2018年，异议人DS公司与申请执行人张某劳动合同纠纷案件经过两审审理，法院判决DS公司需向张某支付提成奖金和违约解除合同的赔偿金合计约115万元。在履行生效判决前，DS公司询问一审案件经办法官有关代扣代缴个人所得税的事宜。根据相关税收法律规定，被申请人的提成奖金及赔偿金需要交个人

---

① 何力新，广东金桥百信律师事务所合伙人；陈小茗，广东金桥百信律师事务所律师。

所得税，用人单位依法应代扣代缴，法官答复"一切按法律要求处理，法律要求扣缴的，那就代扣代缴"。因此，DS公司在2019年1月15日向税务机关缴纳了相应代扣代缴的个人所得税277073.81元，同日通过银行转账方式分别向张某的个人账户支付874081.19元，同时，合计已支付了生效判决执行的标的1151155元。广州某公司自认为已履行了生效判决项下的全部义务。

由于DS公司代扣代缴张某的个人所得税277073.81元的款项是划到税局，因此，张某认为DS公司没有全部履行判决义务，要求广州某公司再向其支付277073.81元，并向广州市某区人民法院（以下简称区法院）申请强制执行。区法院作出（2019）粤××××执××号执行通知书，要求申请人即日向法院缴交执行案款281129.81元。由于法院查封DS公司的账户，该公司不得已在2019年2月28日将同等金额的款项执行到法院的账户。

2019年3月，DS公司为了解决重复支付问题，遂委托本律师处理。为了解决问题，设计两条途径，一是另行提起民事诉讼，要求确认代扣代缴个人所得税的行为系履行涉案判决的行为；二是申请人提出执行异议。

对于另案起诉问题，区法院立案庭以该请求应由执行程序解决，该种确认之诉，既不属于法院受理范围，也无相关案由，不予立案。

（三）争议焦点

本案系因代扣代缴个人所得税引发的"一笔执行款，重复支付的问题"，涉及代扣代缴税收款项能否视为支付了执行款项，更深层的问题是规则冲突问题，即在执行过程中，是税法优先，还是民事诉讼执行法规优先。

二 | 各方意见

在向区法院提起执行异议，主要理由有三点：第一，作为被执行人的公司已经全部履行生效判决规定的给付义务，不存在未履行的情形；第二，作为支付给张某款项的单位，负有法定的个人所得税代扣代缴的义务，公司所扣代缴的税款，应当视为履行生效判决所确定的给付款项的组成部分；第三，若张某的申请执行获得支持，是对公司遵守税法极大的打击。道理很简单，公司已为张某申请执行的判决项下履行代扣代缴义务，张某不用另行代缴。若代缴的款项不视为公司履行判决的款项，客观上公司将面临一笔义务，两次支付的困境，这显然不合理。

对此，执行申请人张某辩称：DS公司是向张某履行生效法律文书的给付义务，而并非向张某支付劳动报酬，DS公司代扣代缴相关税费没有任何事实和法律依据。

首先，依据《民事诉讼法》第二百三十六条"发生法律效力的民事判决、裁定，当事人必须履行"的相关规定，张某认为，在本案中，DS公司并不是向张某支付劳动所得，而是向张某履行法院生效的法律文书所判决的义务，DS公司是混淆了本案的法律关系。

其次，依据已生效的民事判决书，确认DS公司与张某已经于2017年10月17日解除了劳动关系，同时张某已经通过代理律师与DS公司的财务人员明确表示不同意由DS公司代扣代缴相关税费。

最后，DS公司认为其代扣代缴是符合相关法律规定的，但其在收到法院送达要求其履行判决义务的文书后，又立即将拖欠的款项划入法院的账户。DS公司的做法明显是自相矛盾的。

2019年3月25日区法院作出（2019）粤0××2执异××××号裁定。区法院认为，（2019）粤××执××××号案件的执行依据是生效《民事判决书》。根据该判决，DS公司应向张某支付1151155元。DS公司在判决生效后向张某的银行账户转账支付874081.19元，未完全履行上述判决确定的义务。DS公司主张其已代缴个人所得税，但上述生效判决并未涉及税费问题，而且税费征收管理与本案劳动争议并非同一法律关系，判决要求给付的款项应按何种标准计税、如何纳税，均未明确。在此情况下，DS公司主张在履行判决确定的义务时先行代张某缴纳个人所得税与生效判决不符。至于DS公司认为已缴个人所得税后又向张某支付的问题，其可另循其他法律途径解决。综上，张某就DS公司未支付部分向本院申请强制执行符合法律规定，DS公司请求本院驳回张某的强制执行请求于法无据，本院不予支持。

对于区法院的驳回异议的裁定，DS公司随即提起复议，主要理由有：

（一）用人单位的申请人在被执行的案件中，对劳动者根据生效判决受偿的金额代扣代缴个人所得税，于法有据。

首先，我国《宪法》第五十六条明确规定中华人民共和国公民有依照法律纳税的义务；其次，我国《个人所得税法》第二条规定的第一种情形应缴纳个人所得税，就包括工资、薪金所得；《个人所得税法》又在该法第四条从反面列举了十种免纳个人所得税的情形（均未包括劳动者在本案中的所得）。因此，从我国《个人所得税法》"应纳个人所得税"和"免纳个人所得税"两方面规定来看，被申请人均应缴纳个人所得税。对国家负有缴纳个人所得税的法定义务，该义务并不因人民法院的强制执行而予以免除。

至于对个人所得税应当采取什么样的流程征税。根据我国《个人所得税代扣代缴暂行办法》第二条第一款、第四条第一项、第五条第一款的规定：凡支付个人应纳税所得的企业（公司）……，为个人所得税的扣缴义务人；扣缴义务人向个人支付工资、薪金所得时，应代扣代缴个人所得税；可见，我国对于个人所得税的征收系采取间接模式，即应由支付个人应纳税所得的支付人代为扣缴，支付所得人的身份为扣缴义务人，该项扣缴义务属于强制义务，一旦扣缴义务人违反该项义务，出现应扣未扣、应收未收税款等情形的，按照《个人所得税代扣代缴暂行办法》第十一条的规定，应由扣缴义务人缴纳应扣未扣、应收未收税款的滞纳金或者罚款。结合上述规定，本案被执行人作为申请执行人应得劳动报酬的支付义务方，按照《个人所得税代扣代缴暂行办法》代扣代缴劳动者的个人所得税，是被执行人作为扣缴义务人应履行的一项带有强制性的法律义务。因此，用人单位作为被执行人，对劳动者根据生效判决受偿的金额代扣代缴个人所得税，是应当受到法律保障的合法行为，因其符合税收程序法定的原则。

（二）用人单位代扣代缴的个人所得税款，应当视为是用人单位履行生效判决所确定给付款项的组成部分。

申请人作为用人单位对于作为劳动者的申请执行人负有按照生效判决给付相应金额的私法义务；但另一方面，用人单位对于国家负有从生效法律文书确定给付的款项中代扣代缴劳动者个人所得税的公法义务。需要指出的是，用人单位代扣代缴的税款，原本便是申请执行人应当向国家缴纳的税款。但是，基于我国对于个人所得税的征缴系采取由向支付应纳税所得的支付人代为扣缴的间接模式，用人单位作为被执行人，从劳动者根据生效判决受偿的金额中代扣代缴相应数额的个人所得税，本质上而言便是劳动者根据生效判决所确定受偿款项的组成部分。换言之，用人单位根据生效判决所确定的给付金额代扣代缴个人所得税，与用人单位应当严格按照生效法律文书所确定的金额履行给付，二者本质上并不冲突，也不矛盾。如果用人单位在向申请执行人履行金钱给付义务时，未履行代扣代缴个人所得税的法律义务，按照前述个人所得税代扣代缴暂行办法的规定，用人单位将可能日后面临被税务机关科处缴纳因未扣缴税款所产生的滞纳金、罚款的税法责任。

（三）区法院执行裁定书认为"税费征收管理与本案劳动争议并同一法律关系，判决要求给付的款项应按何种标准计税、如何纳税均未明确，因此申请人主张在履行判决的义务时先行代张某纳个人所得税和生效判决不符"，这一观点是明显错误的。

首先，该裁定的观点混淆司法审判权与行政管理权职权范围。判决要求给付款项应按何种标准计税、如何纳税，属于行政管理范围，不属于司法审判范畴。根据税法等相关规定决定"判决要求给付的款项"的计税标准并进行征收是税务局的职权。税务机关根据有关规定，有权对被申请人2017年提成奖金、赔偿金进行征税；被申请人作为纳税人有依法纳税的义务，申请人作为支付该笔款项的义务人，依法是代扣代缴单位，有协助税务局完成该笔款项税收义务。这种职权和义务是法定的，无需判决明确，而且相关税局的征收资料足以明晰，即使另案处理，也是以税务局的征收资料为准，这根本不是推脱的理由。

其次，该裁定实质上造成税法征收程序和民事诉讼法执行程序的冲突和对立。从前述的第一、第二两大理由和法律规定看出，税收是国之根本，税收法定原则、私权的取得必须受到税权的制约原则是任何单位都必须遵守的，人民法院也不应该例外。因此，执行程序决不能不顾税法征收程序。

再次，参照《企业破产法》第一百一十三条第一款"破产财产在优先清偿破产费用和共益债务后，依照下列顺序清偿：（一）破产人所欠职工的工资和医疗、伤残补助、抚恤费用，所欠的应当划入职工个人账户的基本养老保险、基本医疗保险费用，以及法律、行政法规规定应当支付给职工的补偿金；（二）破产人欠缴的除前项规定以外的社会保险费用和破产人所欠税款；（三）普通破产债权"的规定，明显是税款优于普通债权。本案虽不是破产案件，但在国家税收和个人债权的保护顺序的原则应该是一致的。

最后，依照《最高人民法院关于人民法院办理执行异议和复议案件若干问题的规定》（法释〔2015〕10号）第七条第二款的规定，被执行人以债权消灭、丧失强制执行效力等执行依据生效之后的实体事由提出排除执行异议的，人民法院应当参照《民事诉讼法》第二百二十五条规定进行审查。该裁定明显违反上述规定，本应在执行程序解决的问题，却要求以其他途径解决。正如前文所述，申请人曾向区法院提起民事诉讼，要求确认申请人代扣代缴个人所得税的行为系履行涉案判决的行为，该院立案庭以该请求应由执行程序解决，该种确认之诉不属于法院受理范围，也无相关案由不予立案。现执行程序又要求申请人以其他法律途径解决，明显是同一法院口径不一，造成申请人举诉无门，浪费企业和政府资源。

（四）目前涉案的争议款项，一笔已交第三人税务局，另一笔又被法院执行。对于申请人而言，是一笔义务，两笔支付，显然不当。若不认定申请人向第三人税务局代扣代缴的税款属于申请人履行生效判决义务，那第三人收取税款就变成没有依据，应当退还，申请人亦可依据法院的裁定予以退税。在申请人退税之后，被申请人仍有纳税义务，税务局仍需向其征税，这种循环结果明显造成国家行政资源的浪费。

三 | 审理结果及理由

2019年7月8日，某中级人民法院作出（2019）粤××执复××××号民事裁定书，中院认为：首先，根据《个人所得税法》第一条、第二条的规定，工资、薪金的性质，不因法院判决的性质而改变。纳税人缴纳个人所得税的义务，也不因为法院的强制执行而予以免除。其次，根据《个人所得税法》第八条的规定，

DS公司作为涉案劳动报酬支付的义务人，代扣代缴个人所得税是其法定的义务。DS公司代扣代缴张某个人所得税，于法有据。最后，DS公司因履行涉案劳动合同纠纷民事判决而为张某代扣代缴的税款281129.81元，有税务机关出具的完税凭证为据，本院予以确认。如前所述，DS公司为张某代扣代缴个人所得税，应当视为其履行生效判决确定的给付义务的组成部分。据此，裁定如下：

（一）撤销（2019）粤××××执异××号执行裁定；

（二）撤销（2019）粤××××执××号执行通知书；

（三）退还DS公司执行款281129.81元。

四 办案体会

（一）怎么为当事人"一笔义务，两次支付"的情形寻求合理的解决之道，这至为关键。本案的情形非常少见，在责任承担的原则上，出现一笔义务，双重支付，肯定是不合理的，也是可以解决的，这是前提。如果确认之诉行不通，那就解铃还须系铃人，从执行异议程序入手最为直接。

（二）从本案的过程来看，区法院和中院的观点截然不同。单纯从区法院裁定的理由，看上去也有一定的道理，起码可以自洽其说。但一对比中院的观点，显然后者是高屋建瓴，说理透彻。根本的原因还是对法律适用过程中出现法律之间的冲突如何理解，如何适用的问题。只有回到这一层面，才能厘清孰是孰非。中院在裁定中提到的观点：根据《个人所得税法》第一条、第二条的规定，工资、薪金的性质，不因法院判决的性质而改变。纳税人缴纳个人所得税的义务，也不因为法院的强制执行而予以免除。根据《个人所得税法》第八条的规定，DS公司作为涉案劳动报酬支付的义务人，代扣代缴个人所得税是其法定的义务。DS公司代扣代缴张某个人所得税，于法有据。在裁判中解决税法适用优先民事诉讼执行法规的问题。

（三）作为律师代理这种案件，首先应当找到案件的焦点，在焦点之后如有对应的规定可适用，那么就比较简单，但本案属于法律适用的冲突，解决适用冲突问题，那么就要从相关法律的阶位、具体的法律条文去论证，同时还要从多个角度去论证，比如破产程序中税款就优先于普通债权等，为裁判者提供充分有效的观点和依据。

（四）借助合力，是案件圆满的因素之一。在本案中实际上还牵涉第三人税务机关，一开始就积极与税务机关进行沟通交流，寻求帮助和政策解答。本案在广州是不是先例，不好说，但经办的税务机关称从未遇到过这种情况。对于税务机关而言，基于本案性质，本案不是个案问题，实际具有指导意义、有规则作用的案件，所以也引起了税务机关的重视，进行了答疑解惑。

黄某某执行异议一案

撰稿人：李丽莉、俞诗瑶①

一 | 基本案情

（一）当事人和代理人基本情况

异议人：黄某某

委托代理人：黄筱波，广东金桥百信律师事务所律师

李丽莉，广东金桥百信律师事务所律师

申请执行人：HY公司

被执行人：张某某

（二）案件基本情况

异议人黄某某与张某某于2008年3月18日登记结婚，婚后育有一子。2010年10月13日，张某某以个人名义购入广州市某区A房（以下简称案涉房产）。2011年6月9日，案涉房产预告登记在张某某名下，他项权利人为中国JS银行股份有限公司广

① 李丽莉，广东金桥百信律师事务所合伙人；俞诗瑶，原广东金桥百信律师事务所律师。

州某支行。2015年，张某某因犯职务侵占罪，被判处有期徒刑七年，并处没收个人财产10万元、追缴违法所得280489.88元。2018年，广州市某区人民法院（以下简称某区法院）以（2018）粤××××执××××号立案执行，执行张某某退还违法所得280489.88元给被害人HY公司；以（2018）粤××××执××××号立案执行，执行没收张某某10万元。后某区法院查封、轮候查封案涉房产，并于2018年6月20日张贴执行公告，拟整体拍卖案涉房产。

2018年6月，黄某某看到拍卖公告后，才知道异议房屋将被拍卖一事，遂向某区法院提出执行异议，主张对该房屋享有二分之一产权份额。某区法院以（2018）粤××××执异××××号立案审查，审查后认为，案涉房产尚未分割，黄某某主张其拥有房屋二分之一的产权并无依据，故驳回黄某某的异议申请，并指引黄某某提起审判监督程序或另行起诉。接受黄某某委托后，代理人经全面了解案情，认为某区法院救济指引有误，决定向某某市中级人民法院（以下简称某某中院）申请复议。某某中院审查后认为，某区法院应当依据《民事诉讼法》第二百二十五条规定处理，并对案涉房产的权属进行实质性审查，故撤销某区法院作出的（2018）粤××××执异××××号执行裁定，发回某区法院重新审查。

某区法院重新审查过程中，认为黄某某的执行异议系针对（2018）粤××××执××××号被执行人张某某责令退赔一案的执行标的，遂另立案号，以（2018）粤××××执异议××××号处理其同一执行异议。审查后，某区法院认为，案涉房产登记在张某某名下，法院有权查封、拍卖案涉房产，故驳回黄某某的异议请求。

（三）争议焦点

案涉房产属于夫妻共同财产，异议人黄某某应有二分之一产权份额，法院能否拍卖全部产权份额。

二 各方意见

某区法院第一次审查时认为：案涉房产虽购买时间在黄某某和张某某婚姻关系存续期间，但案涉房产仅登记在张某某个人名下，且案涉房产未取得完全产权也未进行分割，黄某某主张案涉房产为夫妻共同财产，其享有一半产权没有法律依据。如案涉房产经查实为黄某某及儿子的唯一居所，某区法院依据《最高人民法院关于人民法院办理执行异议和复议案件若干问题的规定》第二十条规定，做好安置方案即可。

某某中院发回重新审查后，某区法院再次审查后认为：案涉房产虽属于夫妻共同财产，但根据《最高人民法院关于人民法院民事执行中查封、扣押、冻结财产的规定》第二条第一款、第十四条规定，某区法院有权查封张某某与他人共有的财产，故对于案外人要求停止执行并解除对案涉房产的查封的请求不予支持。某区法院在执行过程中依法保障黄某某的合法权益后，整体拍卖执行案涉房产并无不当。

黄某某申请复议称：（一）案涉房产属于夫妻共同财产，属于黄某某与张某某共同共有，黄某某至少拥有二分之一的产权。在未区分为按份共有前，某区法院整体拍卖案涉房产侵害了案外人的合法权益。同时，执行案件的债务属于张某某的个人债务，与黄某某无关，某区法院应执行张某某的个人财产。

（二）针对本案的异议，黄某某无法提起析产诉讼，一审裁定适用法律错误。根据《最高人民法院关于执行权合理配置和科学运行的若干意见》第二十六条规定及《最高人民法院关于人民法院立案、审判与执行工作协调运行的意见》第八条规定，因案涉房产已被查封，即便黄某某提起析产诉讼，法院亦会驳回起诉或中止审理。某区法院依据《最高人民法院关于人民法院民事执行中查封、扣押、冻结财产的规定》相关规定，要求黄某某自行提起析产诉讼，明显属于适用法律错误，将导致案件进入"起诉—驳回起诉"的死循环。某区法院仅进行形式审查，无法从根源上解决问题。

（三）案涉房产价值1084500元，若某区法院坚持拍卖二分之一产权，拍卖所得款项将大打折扣。此外，参照某区房屋租赁市场平均租金标准，案涉房产拍卖款清偿银行贷款后，不足以支付张某某抚养家属五到八年租金，此将严重损害黄某某及儿子的基本生存权和居住权，属于不当执行。

三 | 审理结果及理由

某某中院裁定：撤销某区法院作出的（2018）粤××××执异

××××号执行裁定；变更（2018）粤××××执××××号之二的执行裁定为：拍卖被执行人张某某名下案涉房产的二分之一产权。

某某中院认为：根据《最高人民法院关于刑事裁判涉财产部分执行的若干规定》第十四条第一款的规定，在财产刑的执行中，案外人对执行标的提出排除强制执行的实体权利的异议，应依照《民事诉讼法》第二百二十五条处理。因此，人民法院应当按照异议、复议程序审查，排除执行异议之诉的提起。财产刑执行程序中的异议审查程序具备一定的终局性，审查标准应有别于民事执行中的异议审查标准，对案外人是否系执行标的的权利人，不能再局限于形式审查，应予实质审查。本案中案涉房产是否属于黄某某及张某某的夫妻共同财产及夫妻各享有的产权份额，应予以全面审查。案涉房产为张某某与黄某某婚姻关系存续期间取得，依照《婚姻法》第十七条规定，该房产属于夫妻共同财产。黄某某和张某某未对案涉房产的份额作出约定，应视为二人等额享有案涉房产，各自享有二分之一份额。因张某某未履行生效判决所确定的法律义务，未退赔违法所得，依法应对其所享有的产权份额进行处分，即应处置张某某享有的案涉房产的二分之一产权份额。黄某某要求对其所享有的案涉房产二分之一产权份额予以排除执行，应予支持。某区法院裁定对涉案房屋整体拍卖处置不当，应予纠正。

四 | 办案体会

（一）在刑事裁判涉财产部分执行案中，案外人针对执行标的物提出实体权争议的，对该异议处理后，应依照《民事诉讼法》第二百二十五条规定，通过向上一级法院申请复议进行救济。

某区法院在第一次处理案外人的执行异议时，未区分是一般执行案件和刑事裁判涉财产部分执行案件，在作出执行异议裁定时，指引当事人循《民事诉讼法》第二百二十七条规定，按一般民事执行案件，提起执行异议之诉进行救济。但刑事涉财产部分执行案件，由法院刑事审判庭直接移送执行，申请执行人列刑事审判庭，如按照执行异议裁定后的指引，依据第二百二十七条规定提起案外人异议之诉，申请执行人将被列为被告，即某区法院作为被告，而审理案外人异议之诉的一审法院亦为某区法院。此救济指引显然存在问题。正是考虑到刑事涉财产部分执行的特殊性，最高人民法院出台《最高人民法院关于刑事裁判涉财产部分执行的若干规定》，该规定第十四条指引此类异议的救济途径为向上一级人民法院复议，并且指出应当公开听证。

在处理刑事裁判涉财产部分执行案件，不能简单套用一般民事执行案件的规则，应查询对应的司法解释、答复意见等。

（二）关于未析产的共有物拍卖，不应简单地以未析产、未区分份额为由直接整体拍卖，而应当在执行异议程序中作实体性审查。

案涉房产为夫妻共同财产，双方未约定产权份额，理论上案外人或申请执行人可提起析产诉讼。但根据《最高人民法院关于人民法院立案、审判与执行工作协调运行的意见》第八条规定，由于案涉房产已被查封，若案外人提起确权诉讼，将被驳回起诉。在一般民事执行案件中，案外人异议、案外人异议之诉可以对执行标的物的财产权属作出评判。在刑事财产刑执行案件中，执行异议、复议则是审查、认定执行标的物财产权属的程序，法院应在该程序中对共有物权属进行实质审查，该程序审查尺度与《民事诉讼法》第二百二十七条的案外人异议之诉一致。本案中，某某中院发回某区法院重新审查后，某区法院要求案外人以析产诉讼去解决共有物产权区分问题，此意见与针对实体权利提出异议的执行异议、案外人执行异议之诉程序的设置意义相悖，该异议程序的设置就是旨在解决案外人对执行标的的财产权属问题，因此必须对财产权属作出实体处理。因为已查封的财产，法律明确规定不可再进行处分，包括对财产的分割、份额的确定等。本案经第一次异议、复议、发回重审审查、复议共四个程序后，终于由某某中院直接对财产权属进行确认，裁定仅可处置属被执行人的二分之一财产份额。

案外人执行异议之诉的破局

撰稿人：黄顺华①

一 基本案情

（一）当事人和代理人基本情况

原审原告：庄某杰

原审被告：FH企业

委托代理人：黄顺华，广东金桥百信律师事务所律师

（二）案件基本情况

2014年广州农商行向SY公司发放贷款6500万元，由王某宾、邢某英、祖某周和蔡某玲以物业提供最高额抵押担保，同时王某宾和邢某英提供保证担保。后SY公司未依约还款，广州农商行提起仲裁申请，广州仲裁委裁决SY公司归还6500万元本金和相应利息，广州农商行对抵押物（房产若干）享有优先受偿权，王某宾和邢某英承担连带清偿责任。广州农商行后申请强制执行。

---

① 广东金桥百信律师事务所高级合伙人。

执行阶段，FH企业自广州农商行受让上述债权及附属权益，并变更成为该案申请执行人。某法院拟对抵押房产进行拍卖时，案外人庄某杰提出执行异议，称其已与抵押人就抵押房产签订长达20年的租赁协议，并已支付完毕20年租金，且转租给了第三方，申请法院撤销拍卖及中止对抵押物的强制执行。法院经审查，认为：庄某杰主张租赁权，本质上是阻却房产交付，属于对案外人执行标的的异议，应依据《民事诉讼法》第二百二十七条进行审查，"执行过程中，案外人对执行标的提出书面异议的，人民法院应当自收到书面异议之日起十五日内审查，理由成立的，裁定中止对该标的的执行；理由不成立的，裁定驳回。案外人、当事人对裁定不服，认为原判决、裁定错误的，依照审判监督程序办理；与原判决、裁定无关的，可以自裁定送达之日起十五日内向人民法院提起诉讼"。鉴于涉案房产的抵押权设立在租赁权设立之前，租赁关系不得对抗已登记的抵押权，因此该案外人执行异议不能排除执行，驳回异议请求。庄某杰不服上述执行异议裁定，向法院提起执行异议之诉，诉请撤销该执行异议裁定，确认其对抵押房产享有合法租赁权，并要求中止对抵押房产的执行。

一审判决认为：现无充分证据证明租赁合同为虚假合同，亦无证据证明租赁合同存在合同无效的事由，因此推断租赁合同合法有效，确认庄某杰对抵押房产享有合法租赁权。但涉案房产办理抵押登记的时间早于租赁合同的签订时间，鉴于涉案房产系在办理抵押登记后出租，该租赁关系不得对抗已登记的抵押权，故虽然庄某杰对涉案房屋享有合法租赁权，但不能产生阻却人民法院对涉案房产予以执行的法律效果。退一步说，即使租赁权先于抵押权设立，根据《最高人民法院关于人民法院办理执行异议和复议案件若干问题的规定》第三十一条第一款的规定："承租人请求在租赁期内阻止向受让人移交占有被执行的不动产，在人民法院查封之前已签订合法有效的书面租赁合同并占有使用该不动产的，人民法院应予支持。"该条规定赋予了符合条件的承租人在执行标的被强制移交占有给受让人时，享有阻却执行的权利。但对不动产采取的查封、拍卖措施本身不涉及移交该不动产时，并不适用该条规定。本案中，庄某杰与王某宾、邢某英之间是租赁合同关系，承租人对租赁物享有的是占有使用的权利，FH 企业作为申请执行人，其享有对涉案被查封房产拍卖所得价款优先受偿以清偿债务的权利，对涉案房屋采取的公开拍卖以清偿债务的执行措施，本身不涉及移交该房产的占有，该房产上无论是否附着有在先的租赁权，均不能阻却该执行措施。综上，庄某杰要求撤销执行裁定，以及要求中止对涉案房屋的执行的诉讼请求依据不足，法院不予支持。另根据《最高人民法院关于人民法院民事执行中拍卖、变卖财产的规定》第三十一条第二款规定："拍卖财产上原有的租赁权及其他用益物权，不因拍卖而消灭，但该权利继续存在于拍卖财产上，对在先的担保物权或者其他优先受偿权的实现有影响的，人民法院应当依法将其除去后进行拍卖。"故作为申请执行人的 FH 企业若认为拍卖财产上原有的租赁权及其他用益物权对在先的担保物权或者其他优先受偿权的实现有影响的，其可向人民法院申请依法将其除去后进行拍卖。

原、被告均不服一审判决，提起上诉。本所律师自二审阶段介入案件，代理FH企业一方。

（三）争议焦点

虽然一审判决支持继续执行抵押房产，不中止拍卖，但其对庄某杰租赁权的确认却将极大地影响房产拍卖价值和便利，甚至给顺利进行拍卖造成障碍。法院虽有权去除租赁权拍卖，但在执行实践中，法官出于各种顾虑很难推进。因此，我方在上诉中首先极力主张否定该租赁权；其次，除了前述实体主张，我方同时从程序上寻求突破点，主张本案不属于案外人执行异议之诉的审查范畴，其应当通过执行复议程序予以救济，即一审受理案件属于程序错误，应当予以驳回起诉。

二 各方意见

（一）原审原告意见

庄某杰上诉请求撤销执行裁定书，确认庄某杰对涉案房产享有优先购买权。其认为，一审判决已确认庄某杰对涉案房产享有合法租赁权，但未确认其对涉案房产享有优先购买权是错误的，庄某杰在租赁合同存续期内理应享有优先购买权。

（二）原审被告意见

1. 认为一审判决认定事实不清，对FH企业在一审中提交的证据和陈述的案件事实未做审查。我方从各种证据细节处详细分析，涉案租赁合同多处明显违背日常生活经验法则，原审原告陈述的交易事实无法相互印证，涉案租赁关系存在恶意伪造的重大嫌疑。庄某杰与王某宾、邢某英等人恶意串通，损害抵押权人利益，依《合同法》第五十二条规定应属无效。

2. 庄某杰主张的租赁权并不能排除法院采取司法拍卖的程序，其诉请依法不属于案外人执行异议之诉的审查范畴，应当驳回起诉。其一，根据《最高人民法院关于适用〈中华人民共和国民事诉讼法〉执行程序若干问题的解释》第十五条的规定，案外人提起执行异议之诉所主张的权利应当是属于足以阻止执行标的转让、交付的实体权利。本案中，庄某杰主张的租赁权虽为实体权利，但并不能阻止涉案房产的转让和交付，更何况在后的租赁关系不能对抗设立在先的抵押权，庄某杰主张的租赁权即使得以认定，也同样不能阻止涉案房产的转让和交付。因此，如庄某杰不服执行异议裁定应当通过执行复议程序予以救济，而非提起案外人执行异议之诉。其二，根据《某某省高级人民法院关于审查处理执行裁决类纠纷案件若干重点问题的解答》第（二）部分第二十六条的规定，金钱债权执行中，案外人以其对执行标的享有租赁权为由，请求排除执行，不予受理，已经受理的，裁定驳回起诉。

三 审理结果及理由

二审裁判要旨中绕开了对租赁权真实性进行阐述和判断，而是从程序上突破，实现了我方的上诉目的。二审法院认为：广州农商行依据仲裁裁决对抵押物享有优先受偿权益，FH企业通过债权转让承接了该生效法律文书确定的该项权利。据此，庄某杰的执行异议直接指向生效法律文书确定的特定执行标的，即其在本案中所提诉请实质上系否定生效法律文书作为执行依据的合法性。则依据《民事诉讼法》第二百二十七条的规定，应当依照审判监督程序办理。庄某杰起诉不符合法律规定，驳回起诉。

四　办案体会

我方在二审审理过程中，通过积极举证和结合生活实践对租赁过程进行细节分析，说明租赁关系存在诸多不合常理之处，异议人和债务人存在非常明显的恶意串通的迹象。这种主观判断虽然难以掌握直接的证据，但通过律师有力的质疑，能够对主审法官的内心确信产生重大影响，让其在作出裁判时趋向审慎和保守。与此同时，换位思考，站在方便法官裁判的角度，我方能够提供法官一条更加简单的程序路径"软着陆"，让法官实现内心正义的偏向。因此，虽然二审中仍然缺乏直接证据证明恶意串通的存在，法院难以直接认定租赁无效，但法官最终选择另辟蹊径，通过程序上的瑕疵驳回庄某杰诉请，维护了债权人合法权益。

由于本案二审得以改判，执行法院很快重新启动拍卖程序，抵押房产的商业价值得以保障，最终FH企业顺利回收债权。

余某民间借贷纠纷案

撰稿人：高俊①

一 | 基本案情

（一）当事人和代理人基本情况

上诉人（原审原告）：余某，出借人

委托代理人：高俊，广东金桥百信律师事务所律师

丘誉源，广东金桥百信律师事务所律师

被上诉人（原审被告）：陈某、李某A、李某B，其中陈某为借款人，李某A、李某B为担保人，陈某与李某A、李某B系直系亲属

第三人：余某A，系余某的亲戚

（二）案件基本情况

本案是一个民间借贷纠纷，但整个借款款项系多年、多次借贷形成，余某手中持有借款合同，有与借款合同对应金额的转账

---

① 广东金桥百信（深圳）律师事务所高级合伙人。

记录，借款合同约定由余某向陈某借款，借款用途为给李某A、李某B用于生意周转，同时李某A、李某B为借款提供担保。

代理人接受余某委托后，认为该案件事实清楚、证据确凿，撰写材料起诉立案。案件受理后，虽然借款合同明确约定了管辖法院，但被告仍提出管辖权异议，拖了一年有余。在一审开庭前夕，代理人突然收到法院传来被告要求追加第三人的申请及被告提交的证据材料，该证据材料是一份银行流水，显示李某B（借款合同指定收款人）收到余某借款当日，该款项就汇入了第三人余某A账户中，余某A随后又将该款项汇入了余某及余某配偶的账户。如此一来，从表面上看本案就存在"虚假借款"的嫌疑。

代理人于是立即跟余某沟通了解真实情况，代理人了解到第三人系原告亲戚，第三人当日也确实把款项又转给了原告及原告配偶。代理人当即向委托人了解这样处理的缘由，了解借款或债务的真实性。经过代理人了解三被告欠付委托人的债务是由多笔债务构成，不仅包含了李某A向原告受让工厂的价款，也有李某A、李某B数次向原告的借款，还包含了期间的利息，在2018年时形成了与本案本金对应金额的债务关系。整个债务时间跨度也非常长，一直从2015年延续到了2019年，原告为了把这些复杂、琐碎的债务关系简化，且鉴于三被告一时无法归还本金，于是原告重新与三被告签署了借款合同，同时原告也具备一定的法律常识和意识，清楚知道民间借贷纠纷中，出借人应当提供对应的转账记录，于是便有了款项借出又转回的"戏码"。原告在与被告三方协商一致后，共同完成了签署合同、转账等工作，原告认为自己手中证据十分充足，便把之前和对方签署的各类文件、合同、相关材料原件统统交给了三被告。在最后这一次款项三被告已经长期未支付利息的情况下，原告于是找到了代理人提起了本案的起诉，只是认为证据未十分充分，并未向代理人告知本案后面的真实情况。

（三）争议焦点

一审法院争议焦点：1.案涉借款合同借款是否已经支付；2.被告陈某是否应该向原告偿还借款。

二审法院争议焦点：1.三被告是否归还了案涉借款前的债务；2.三被告是否存在借新还旧；3.三被告应当偿还原告多少借款本金和利息。

二 各方意见

（一）一审法院裁判观点

湛江市某区人民法院认为案涉的借款合同中生效条款中因笔误未提及陈某一方，因此侵犯了陈某的知情权和商讨权，虽然被告陈某手写同意李某B接收借款款项，但三被告始终没有对借款的使用进行合意，而且被告陈某此前和原告并无债务关系，不存在需要使用该借款清偿之前的债务的情形，因此最终款项回到原告时，涉案的借贷合同即于借款当日已经结清，据此一审法院认为案涉借款合同是有效的但借款已经结清，至于原告与被告李某A和李某B的债务应当另案主张，一审判决驳回了原告的全部诉讼请求。

（二）上诉人（原审原告）观点及代理意见

上诉人的代理人认为首先，本案的借款是真实、合法、有效的，虽然上诉人在2018年确认债务总额时计算了部分利息，但利息约定符合法律规定，上诉人虽然手上没有债务形成具体的书面材料，但还留存了一些视频和照片，这些视频和照片由上诉人手机拍摄，可以证明债务的形成过程；其次，虽然上诉人（原审原告）在出借借款当天即收回了款项，但实际上从原被告的合意及行为来看，三被告认可并配合转账的原因是在于清偿已经到期的债务，而并非归还本案借款合同下的借款，三被告在清偿了旧的债务后即进入了新的借款关系。前后债务均是同一主体，这个形式与金融机构常见的"借新还旧"非常类似。最后，相关法律规定："债务人的给付不足以清偿其对同一债权人所负的数笔相同种类的全部债务，应当优先抵充已到期的债务；"根据上述债务清偿的顺序，被告的付款，应当是归还双方之前已经到期的债务。因此本案可以认为是被上诉人（原审被告）向上诉人（原审原告）重新借款归还了之前的债务，而本案的借款尚未归还，因此应当按照借款合同约定归还借款本金和利息。

（三）被上诉人观点及代理意见

三被上诉人代理人提出的抗辩意见如下：1. 本案借款没有按照约定的用途。2. 之前的债务已经偿还，且与本案借款无关。即使前述的债务未付清，也应当另行起诉。3. 本案的借款在当天即已经归还，因此无需再归还上诉人任何款项。

三 审理结果及理由

湛江市中级人民法院判决：撤销湛江市某区人民法院作出的一审判决，改判支持余某的上诉请求，即判决陈某偿付全部借款本息给余某，李某A、李某B作为担保人对陈某的债务承担连带责任。

湛江中院认为：《最高人民法院关于适用〈中华人民共和国合同法〉若干问题的解释（二）》第二十条"债务人的给付不足以清偿其对同一债权人所负的数笔相同种类的全部债务，应当优先抵充已到期的债务；几项债务均到期的，优先抵充对债权人缺乏担保或者担保数额最少的债务；担保数额相同的，优先抵充债务负担较重的债务；负担相同的，按照债务到期的先后顺序抵充；到期时间相同的，按比例抵充……"据此作出了以上终审判决。

四 办案体会

一审判决后，本案案件陷入了两难的境地，一方面追溯原来的债务比较困难，因为原告原有债务相关的证据原件、复印件已经给了被告。没有相应的证据，追溯案涉前债务风险变得非常大。另一方面原告如果追溯案涉前的债务，对于本案而言又存在借款完毕立即又转账回出借人的问题。

代理人深入仔细研究了一审判决，从相关事实出发，本案涉案的借贷关系正是因为案涉前的债务而产生，而被告之所以配合原告进行转账的原因，并非其上当受骗或者其自身愚蠢，而是其真实认可欠付原告的债务。代理人提出的意见不存在错误，一审法院把前后债务的关联性人为地割裂开了，错误适用了法律规定。通过仔细梳理仅有的证据，代理人发现在一审中提交过的证据材料中有一张具有原件的证据，三被告在涉案合同签署之前还签署过一份"还款期数明细表"，该明细表记载了三被告欠付的本金及每月归还利息的时间、金额。代理人认为结合已有的事实和证据，还是应当抓住案涉前债务的存在和认可，各方对于本案借款的合意以及到期债务的清偿顺序等来重点主张，最终取得了良好的代理效果。

"借新还旧"已经是金融机构常用的操作方式，但在自然人的民间借贷中却往往比较少见，因为自然人之间拖欠了款项，往往已经导致双方的信任基础崩塌，债权人往往也没有能力去再次出借，自然人也不会面临金融机构有的借款还款"考核"，并不需要通过"借新还旧"的方式延续债务。代理人发现很多律师甚至审判员也是秉承这样的观点，认为自然人之间不存在"借新还旧"，但法律也并未禁止自然人之间"借新还旧"，甚至司法解释中也有"借新还旧"的相关规定。"借新还旧"究其本质还是来源于法律规定中对同一主体、同种债务清偿顺序的规定。代理人因为本案的机缘巧合，也检索、查询了各地的司法实践情况，全国各地尤其是经济发达地区法院均已经有不少对自然人之间借贷"借新还旧"认可的相关案例，充分说明了"借新还旧"早就不是金融机构的"专利"了。

往往看起来越是简单的案件后面越有可能隐藏着各种复杂的情形，代理人在办理委托前更需要有技巧地盘问当事人，挖掘案件背后的真相；办案过程中遇到复杂的案件或案件情况突然变复杂时，更要沉着冷静地面对，深刻剖析案件背后的法律关系，方能让困难迎刃而解。

刑事法律篇

程某涉嫌盗窃罪公诉机关撤回起诉案

撰稿人：宣承永①

一 | 基本案情

（一）当事人和代理人基本情况

当事人：程某

委托辩护人：宣承永，广东金桥百信律师事务所律师

（二）案件基本情况

被害人徐某在网吧上网，其两台苹果手机被窃，经鉴定价值人民币5900元。公诉机关认定该案的证据主要有：一、被害人陈述；二、价格鉴定报告；三、证人网吧收银员的证言及辨认笔录；四、监控录像（比较模糊且看不清犯罪嫌疑人的正面）；五、监控图像司法鉴定意见书。

---

① 广东金桥百信律师事务所合伙人。

（三）争议焦点

1. 关于人像对比鉴定

本所律师认为，鉴定意见不足以认定视频中的人就是上诉人。根据一审的庭审笔录，鉴定人出庭接受质证时亦表示没有绝对的把握认定结论的真实性，所得出的结论是根据大数据分析，不能排除特例的存在，且脸部鉴定受环境、场景等因素的影响。

2. 关于证人网吧收银员的证言及辨认笔录

证人张某的证言及辨认笔录不应予以采信。本律师认为，2017年6月27日案发到上诉人2017年10月21日被拘留，中间隔了将近4个月，对于一个陌生人，对其容貌记忆可以清晰记得如此深刻亦不符合常理。

3. 关于价格鉴定报告

首先，被害人无法提供购机发票，犯罪对象即被盗的手机，一直没有找到。在没有发票佐证，只有被害人口供的情况下，辩护人认为，不能评估被盗的手机型号、价值等。其次，价格鉴定意见书，并没有实物鉴定，标的物的外表、损害程度等都会影响价格的鉴定。且即使有盗窃行为，数额达不到2000元，也不能以犯罪论处。

二　各方意见

（一）程某涉嫌盗窃罪一案，该案由某市公安局某某区分局立案侦查，某某市人民检察院提起公诉。广州市某某区人民法院作出一审判决，判决被告人程某犯盗窃罪，判处有期徒刑一年，罚金2000元，程某不服，遂向某某市中级人民检察院提起上诉。

（二）程某上诉期间，律师经阅卷及会见上诉人，发现该案有诸多疑点，在上诉人不认罪的基础上做无罪辩护。二审期间，某某市中级人民法院以证据不足为由，将该案发回重审。

（三）发回重审一审期间，广州市某某区人民检察院以证据发生变化为由提出对被告人程某撤回起诉，经广州市某某区人民法院准许撤诉。

三　审理结果及理由

某某市中级人民法院作出刑事裁定书（2018）粤某刑字第××××号，以事实不清，证据不足为由撤销一审判决，并发回广州市某某区人民法院重新审判，在诉讼过程中，某某区人民检察院作出某×检公诉刑不诉（2020）××××号不起诉决定书，某某区人民法院审查后，作出（2019）粤××××刑初××××号刑事裁定书，裁定准予公诉机关撤回起诉。某某区人民法院作出（2020）粤××××法赔××号，决定对程某赔偿。

某某市中级人民法院认为原审认定事实不清，证据不足。

广州市某某区人民法院认为，《国家赔偿法》第十七条规定，行使侦查、检察、审判职权的机关以及看守所，对公民采取逮捕措施后，决定撤销案件、不起诉或者判决宣告无罪终止追究刑事责任的，受害人有取得赔偿的权利。现赔偿请求人程某被逮捕，经本院一审判决有罪、二审法院裁定发回重审、本院重审期间公诉机关撤回起诉并作出不起诉决定，其作为受害人有取得赔偿的权利。因此，依照《国家赔偿法》第十七条第二项、第二十一条第四款、第三十三条、第三十五条，《最高人民法院、最高人民检察院关于办理刑事赔偿案件适用法律若干问题的解释》第十二条、第二十一条之规定对程某进行国家赔偿。

四 办案体会

（一）该案中，律师会见上诉人程某，了解到上诉人在侦查阶段其家属未曾与委托律师会见，侦查机关通知上诉人程某妹妹及母亲分别做笔录，并叫她们辨认监控视频中的人物是否为程某。程某两位家属皆表示监控中的犯罪嫌疑人不是程某，理由一是程某的走路姿势与监控录像中的人物走路姿势不一样，理由二是监控录像中犯罪嫌疑人的衣服程某平时从来没有穿过。律师进一步了解到，程某的妹妹已经出嫁，跟母亲分开居住。律师分析认为：首先，程某的母亲及妹妹曾朝夕相处，对程某的穿衣风格、体态及走路姿势等会比普通人更熟悉；其次，程某妹妹及其母亲是分开居住，其两人串通做伪证的概率较低；最后，如果程某在羁押过程中认罪，其家属做伪证将变得毫无意义，而且还有可能会因为做伪证而受到法律的追究。

（二）案发地点在广州白云三元里，与上诉人程某的住所之间隔了很大一段距离。上诉人家附近有网吧，去这么远的地方上网，不符合常理。上诉人使用的手机陈旧，功能极其少，可以推断出，其平时几乎不上网。上诉人程某有妻室，事发时，小孩要上学，程某第二天要接送小孩上学，在外面通宵上网亦不符合常理。

（三）本案一审被判处有期徒刑，二审法院重审，重审期间一审检察院撤诉，其中的过程比较曲折。在证据存疑的情况之下，公诉机关最终做出撤回起诉的决定，能获得无罪辩护成功，原因在于：1. 律师的介入早。及时在一审判决后为在押的犯罪嫌疑人提供了有效的法律帮助，提出无罪辩护，防止犯罪嫌疑人继续面对无辩护人专业加持的局面。2. 辩护律师专业、细致的工作。及时发现了案件的诸多疑点，并系统提出了证据不足的辩护意见，并为实现成功辩护与司法机关进行了有效的沟通和博弈。3. 法院在坚持刑事案件证据裁判原则方面有了切实的进步。人民法院裁定准予检察机关对刑事案件被告人撤回起诉，对当事人而言无疑是极好的结果，对辩护律师来说同样是巨大的荣耀。充分体现了司法机关"错案必究"的决定。该案的撤诉，体现了律师在刑事案件中的作用不可忽略，再一次证明，专业律师的及时介入和有效辩护往往是成功的关键。

印度籍外国人涉嫌走私普通货物、物品罪刑事案

撰稿人：徐军[①]

一 | 基本案情

（一）当事人及代理人基本情况

犯罪嫌疑人：印度籍外国人M某

辩护人：徐军，广东金桥百信律师事务所律师

侦查机关：云南省某某市海关缉私局

公诉机关：云南省某某市人民检察院

（二）案件基本情况

犯罪嫌疑人M某的家族自其父亲始在印度一直从事人发购销生意，2014年至2018年期间，有中国买家向其发出采购订单，M某受中国买家委托向其他印度供应商收集货物统一授权印度物流公司办理货物出口手续，M某根据收集货物重量收取一定佣金，货物出口印度及中国进口的清关手续无需M某处理，

---

① 广东金桥百信律师事务所高级合伙人。

犯罪嫌疑人因涉嫌明知中国买家以低报价格进口方式走私人发，仍将人发交由中国买家低价进行清关进口。该案由云南省某某市海关缉私局侦查，犯罪嫌疑人因涉嫌走私普通货物、物品罪于2018年8月29日被某某市海关缉私局刑事拘留，同年，经某某市人民检察院审查批准，于9月29日被某某市海关缉私局执行逮捕。

二 各方意见

侦查机关某某市海关缉私局审查认定：2014年10月23日至2018年8月6日，犯罪嫌疑人M某向中国买家出售印度人发，M某在明知中国买家郑某以低报价格方式走私进口人发的情况下，仍将人发交由郑某进行低价清关进口，涉嫌走私进口人发3票，计核偷逃关税人民币617132.35元。

辩护人意见：徐军律师于侦查阶段介入，多次前往看守所会见犯罪嫌疑人，详细了解侦查机关讯问细节，并且在审查起诉阶段多次前往检察院阅卷，并针对当事人陈述以及卷宗情况深入分析，着重于定罪证据方面，深入挖掘案件的辩护要点。根据M某本人的陈述，其已经将所有载有货物真实交易价格，加盖了其在印度合法注册的公司印章的INVOICE（国际贸易通用订单形式），通过微信或电子邮件发送给了客户或客户指定的中国境内的清关公司，对于中国境内的客户或客户指定的清关公司在收到INVOICE后，如何向中国海关申报和办理清关，其没有参与也不清楚。M某会替客户在印度向已经下好订单的供应商处收集齐货物，其只是中国买家在印度的收集货物的代理人，并处理与供应商之间的关系，其仅按收集货物的公斤重量收取一定的佣金，中国海关部门征收关税的税额与其没有利益关联，其缺乏犯罪的主观动机，根本没有与中国买家串通低报价格走私清关进口的犯罪故意。针对M某的陈述，辩护人多次请求侦查机关以及公诉机关深入调查M某与中国买家、印度物流公司等涉案主体之间的沟通记录。结合案件现有证据情况，根本不足以认定嫌疑人M某与中国买家之间有共同犯罪的主观故意以及行为。

嫌疑人M某确实没有犯罪的主观动机和故意，其客观上的行为，也表明其的确已经将案件所涉的货物的INVOICE全部提交给了国内的买家或买家指定的物流公司，而且，中国海关征收的关税与嫌疑人没有直接的利益关联。辩护人多次书面请求市人民检察院依法审查并认定M某在本案中的行为不构成走私普通货物、物品罪，请求检察院依法依据案件事实的证据，作出不起诉决定。

三 | 办理结果及理由

云南省某某市人民检察院在历经二次退回公安机关补充侦查后仍然认为该案犯罪事实不清，证据不足，不符合起诉条件，于2019年11月14日作出了×检公×刑不诉〔2019〕××号不起诉决定书，并送达给犯罪嫌疑人M某，后犯罪嫌疑人于2019年11

月15日被云南省昆明市某某区看守所释放，已平安回国。

四 | 办案体会

　　走私普通货物、物品罪的法益侵害性主要体现在违反海关法规、逃避海关监管、偷逃应缴纳关税额，所侵犯的客体是国家对普通货物、物品进出口的监管管理制度以及关税征管制度。

　　走私普通货物、物品罪该罪属于简单罪状，刑事辩护中辩护人均需要依靠海关法等行政法律法规来填补空白。具体而言，《海关法》《海关行政处罚实施条例》均对走私的具体表现有详细描述，走私或按走私行为论处的行为包括：未经国务院或者国务院授权的机关批准，从未设立海关的地点运输、携带国家禁止或者限制进出境的货物、物品或者依法应当缴纳税款的货物、物品进出境的；经过设立海关的地点，以藏匿、伪装、瞒报、伪报或者其他方式逃避海关监管，运输、携带、邮寄国家禁止或者限制进出境的货物、物品或者依法应当缴纳税款的货物、物品进出境的；使用伪造、变造的手册、单证、印章、账册、电子数据或者以其他方式逃避海关监管，擅自将海关监管货物、物品、进境的境外运输工具，在境内销售的；使用伪造、变造的手册、单证、印章、账册、电子数据或者以伪报加工贸易制成品单位耗料量等方式，致使海关监管货物、物品脱离监管的；以藏匿、伪装、瞒报、伪报或者其他方式逃避海关监管，擅自将保税区、出口加工区等海关特殊监管区域内的海关监管货物、物品，运出区外的；

明知是走私进口的货物、物品，直接向走私人非法收购的；在内海、领海、界河、界湖，船舶及所载人员运输、收购、贩卖国家禁止或者限制进出境的货物、物品，或者运输、收购、贩卖依法应当缴纳税款的货物，没有合法证明的。

在本案办理过程中辩护人结合全卷的证据材料以及嫌疑人的陈述，以存疑不起诉为目的进行辩护，最终检察院认为该案犯罪事实不清，证据不足，作出不起诉的决定。结合本次办案经验，对于走私普通货物、物品罪的无罪辩护要点进行归纳。

（一）客观方面不符合犯罪构成要件

1. 间接向走私人非法收购走私进口的货物、物品的，不构成走私普通货物、物品罪；2. 控方证据不足以证明进口货物委托购买人与被委托人一同参与走私行为的，委托人无罪。

（二）主观方面不符合犯罪构成要件

1. 在无法证明被告人明知涉案货物的真实品名的情况下，不能认定被告人主观上具有走私的故意。2. 公诉机关对于被告人是否明知其销售的是保税物品所提供的证据不足以排除合理怀疑的，不构成走私普通货物罪。3. 被告人仅在他人的聘用下从事了接收、协助销售进口货物的工作，证据不能充分证实被告人具有走私的主观故意，其行为不构成走私普通货物罪。4. 对走私对象中夹藏的物品确实不明知的，不能适用根据实际走私对象定罪处罚的规定。5. 控方证据不足以证明行为人不如实报关的违法行为可获取非法利益的，对于行为人主观上具有牟利的目的证据不足。

（三）主体方面不符合犯罪的构成要件

根据《办理走私刑事案件适用法律若干问题的意见》规定：具备下列特征的，可以认定为单位走私犯罪：1. 以单位的名义实施走私犯罪，即由单位集体研究决定，或者由单位的负责人或者被授权的其他人员决定、同意；2. 为单位谋取不正当利益或者违法所得大部分归单位所有。即仅以单位名义实施犯罪并不足以认定单位犯罪。

（四）偷逃应缴税额未达法定入罪标准

1. 被告人走私货物、物品偷逃应缴税额未达数额较大标准的，不构成走私普通货物、物品罪。2. 对于相互之间无共谋和配合的嫌疑人，公诉机关不能证明其各自走私偷逃税款的具体数额的，不能认定嫌疑人成立走私普通货物、物品罪。

辩护人在办理本案过程中主要从主观故意方面进行论证，对主观故意的证明一般都采用推定方式。推定又可以分为事实推定和法律推定，事实推定主要是根据行为人的社会地位、生活经验、从事职业、工作业绩等，以所在行业一般人的认知水平为基础评价标准对行为人的认识能力做出推断；法律推定是根据法律规定的客观行为，推定行为人的主观心态。走私犯罪的主观心态必须是故意，进出口收发货人因为一些客观因素或疏忽大意错报了商品名称、成交价格等要素，理论上属于申报不实，因其不具备主观故意，不构成走私犯罪。因此，实践中犯罪嫌疑人常以"错报漏写""发错货物"等理由逃避主观责任的认定。鉴于此，根据司法解释，当出现下列情形时，即可直接认定行为人对于走私行为的明知：（一）逃避海关监管，运输、携带、邮寄国家禁止进出境的货物、物品的；（二）用特制的设备或者运输工具走私货物、物品的；（三）未经海关同意，在非设关的码头、海（河）岸、陆路边境等地点，运输（驳载）、收购或者贩卖非法进出境货物、物品的；（四）提供虚假的合同、发票、证明等商业单证委托他人办理通关手续的；（五）以明显低于货物正常进（出）口的应缴税额委托他人代理进（出）口业务的；（六）曾因同一种走私行为受过刑事处罚或者行政处罚的。对于主观上能否构成直接故意或间接故意可以从上述方面进行论证，无论是法律推定还是事实推定，均应当允许反证。比如该法律推定中，列举的前六种情形是基础事实，当基础事实被证明后，即可推定行为人具有"明知"的待证事实。同时，如果能有证据证明行为人确属被蒙骗的，则可以反证主观故意的阙如。

走私类犯罪本质个人或者单位故意违反海关法规，通过各种各种方式运送违禁品进出口或者偷逃关税的行为。侦查机关以及检察机关认定的单位或者个人是否存在走私行为依照审查报关货物价值以及实际产品价值，涉嫌偷逃税是否达到了追诉标准等实质要求，同时在认定数额时还需严格遵循办案程序的有关规定，例如严格按照电子数据提取规范进行提取，否则都可能导致认定单位或者个人走私犯罪事实不清，证据不足的情形，上述情况也正是辩护律师在办理走私案件应重点审查的内容。

某公司虚开增值税专用发票罪重审改判无罪案

撰稿人：廖莘、寇淑霞①

一　基本案情

（一）当事人和代理人基本情况

被告人：欧某华，HL集团及三个子公司的实际控制人

辩护人：廖莘，广东金桥百信律师事务所律师

辩护人：李晓凡，广东金桥百信律师事务所律师

被告单位：HL集团

辩护人：寇淑霞，广东金桥百信律师事务所律师

辩护人：陈丽（负责代理二审），广东金桥百信律师事务所律师

被告单位：JS公司

辩护人：廖岳林，广东金桥百信律师事务所律师

被告单位：GN公司

辩护人：朱中杰，广东金桥百信律师事务所律师

---

① 廖莘，广东金桥百信律师事务所高级合伙人；寇淑霞，广东金桥百信律师事务所律师。

被告单位：GL公司

辩护人：张伟林，广东金桥百信律师事务所律师

被告单位：LC公司

辩护人：李文，广东金桥百信律师事务所律师

（二）案情简介

广东HL集团为从事石油产品生产、存储和销售的大型民营企业，下设四个子公司，2013年某市税务局在税务核查时，认为该集团存在虚开增值税专用发票金额19.7亿元的问题，涉嫌虚开增值税专用发票罪，将案件移送某市公安局查处，但其移送案件的情况说明中明确指出：HL集团及子公司涉嫌虚开增值税专用发票，但并无偷逃增值税的情况。

被告人欧某华，为HL集团及三个子公司的实际控制人，被以犯虚开增值税专用发票罪和骗取贷款罪起诉。

HL集团从事油品的购买、生产、加工、销售，其作为母公司，没有直接参与上述业务，只是对整个集团运营管理，各子公司则根据自身的规模、经营范围及客户类型，独立经营。因经营范围不相同，各子公司间会有油品购销业务产生，因此互相定期开具增值税专用发票，进行结算。原一审判决在侦查机关未委托进行会计司法鉴定同时也没有向各公司任何负责购销业务人员调查取证的情况下，只根据税务局情况说明、部分证人证言、会计凭证、部分被告人供述等证据材料，即认定各子公司间不存在真实交易，互相开具的为虚开的增值税专用发票，HL集团为母公司，欧某华为各公司的实际控制人，应当对各子公司的问题承担

刑事责任, 原一审判决认定HL集团构成虚开增值税专用发票罪, 判处罚金400万元, 其四个子公司犯虚开增值税专用发票罪, 共计被判罚金450万元, HL集团及三个子公司的实际控制人欧某华犯虚开增值税专用发票罪和骗取贷款罪, 判决有期徒刑十一年。

本案起诉书指控的虚开增值税专用发票罪涉案金额达19.7亿元, 金额特别巨大, 涉及被告单位和被告人众多, 一审已经作出十分严厉的有罪判决, 因此辩护难度非常大。广东金桥百信律师事务所接受HL集团、欧某华等五个上诉人的委托, 在二审阶段介入本案, 由廖莘律师牵头组织了包括廖莘、寇淑霞、陈丽、李晓凡、廖岳林、朱中杰、张伟林、李文等律师在内的辩护团队, 经过阅卷研判, 对案件作无罪辩护, 最后成功逆转案件结果。

(三) 争议焦点

在各公司之间确实存在真实交易、侦查机关没有委托司法鉴定机构作出会计司法鉴定、言词证据矛盾重重且没有向各公司任何负责购销业务人员调查取证和税务机关认为HL集团及子公司涉嫌虚开增值税专用发票, 但并无偷逃增值税的情况下, 能否认定HL集团及子公司以及欧某华犯有虚开增值税专用发票罪。

二 辩护意见

我所辩护团队在本案二审阶段介入, 经过细致阅卷, 研判案情, 紧紧抓住各公司之间确实存在真实交易、侦查机关没有委托司法鉴定机构作出会计司法鉴定、言词证据矛盾重重且没有向各公司任何负责购销业务人员调查取证和税务机关认为 HL 集团及子公司涉嫌虚开增值税专用发票，但并无偷逃增值税的情况这四点，认为本案关键事实不清、定罪证据明显不足，申请二审开庭审理，申请进行会计司法鉴定、申请证人出庭、申请调取证据材料，对案件作无罪辩护，请求法院改判无罪或撤销原判发回重审。二审开庭审理后，省高院采纳了部分辩护意见，撤销了原一审有罪判决，将案件发回一审法院重审。

在重审阶段，HL 集团、各子公司、欧某华等被告单位和被告人继续委托我们担任辩护人，我们继续紧紧抓住在本案中，各被告单位之间确实存在真实交易、侦查机关没有委托司法鉴定机构作出会计司法鉴定、言词证据矛盾重重且没有向各公司任何负责购销业务人员调查取证和税务机关认为 HL 集团及子公司并无偷逃增值税这四个主要辩点，申请召开庭前会议，申请进行会计司法鉴定、申请有关证人出庭作证、申请调取证据材料，继续为当事人进行无罪辩护。

重审阶段中，公诉机关补充起诉被告人欧某华涉嫌合同诈骗罪，涉案金额 3000 多万元，基本案情是：案外人方某、被害人江某华与被告人欧某华之间签定一份《股票交易协议》，欧某华代收了江某华的购股票款，欧某华因故没有全部将该款项支付给方某，导致纠纷。经过多次民事诉讼，在某某中院及某高院作出民事判决前后，欧某华多次、部分履行了生效民事判决的返还购股票款义务，案件仍然在执行中。我们认为此合同各方之间存在的显然是民事法律关系，被告人欧某华的涉案行为依法不构成合同诈骗罪。

具体辩护意见：

第一部分：关于被告单位和被告人欧某华是否构成虚开增值税专用发票罪的问题

我们通过充分会见案件有关当事人，全面仔细阅卷（全案有206卷），充分了解案情后，多次认真细致进行研讨，并且委托法律专家学者对定性问题进行法律论证分析，我们认为其中关键事实不清，定罪证据不足，现有证据不能证明被告单位存在虚开增值税专用发票的行为，没有骗取国家税款的故意或实施骗取国家税款的行为，因此被告单位和被告人不构成犯罪。我们的辩护意见要点包括：

一、HL集团下属各子公司间存在真实交易，不存在虚开增值税专用发票的故意，各子公司没有虚开增值税专用发票的动机，也没有骗取国家税款的故意或实施骗取国家税款的行为。下属各子公司不存在对开、循环开增值税专用发票。各子公司间存在必要的互相交易，该交易以真实的经营模式和销售模式为基础，因此互相交易而开具发票均是真实的。

二、认定HL集团下属各子公司和被告人构成虚开增值税专用发票罪的证据明显不足。1. 被告人在被讯问时，存在被恐吓、诱供情况，在这种情况下取得的笔录应作为非法证据排除，不应采信，而应以被告人庭审供述作为定案依据。2. 许多证人证言前后矛盾，不应采信。3. 缺少必要的相关各公司的销售业务人员的证人证言。4. 控方证据证明了被告单位之间不存在虚假交易。

三、由某公安局提交的补充证据中，HL集团及其内部单位

2010年至2011年向外单位购入油品（化工原料）统计表、HL集团及其内部单位2010年至2011年对外单位销售油品统计表，购入表中总计的购入油品重量与销售表的总计销售重量基本相等，可以看出，HL集团各子公司从外部购入和向外销售的油品重量是平衡的，油品重量是最能说明购入和销售情况的，重量不会凭空消失，所以出入平衡就能说明销售是正常的。如果真有虚假交易的存在，会产生购入与销售的油品重量有较大出入的情况，这也说明HL集团并不存在虚假的内部互相交易，从而证明不存在虚开增值税发票的情况。

四、本案中，公诉机关对应调取的证据没有依法调取，不能以并不全面的证据证明HL集团犯有虚开增值税专用发票罪。辩护人通过被告单位从税务机关导出的发票数据可知，每一子公司与一外部公司的进项、销项发票，都经税务局认证为真实的，证明各公司均不存在虚开增值税发票的问题。本案既然无法委托进行会计司法鉴定，不能从会计、税务专业角度证明有虚开增值税发票的具体数据，依法不能认定HL集团等被告单位和被告人构成虚开增值税发票罪。

五、根据国家立法目的及最高院有关司法观点，没有骗取国家税款的虚开行为，不构成虚开增值税专用发票罪。

第二部分：关于被告人欧某华涉案行为是否构成合同诈骗罪的问题

辩护人认为公诉机关的定性明显错误，被告人欧某华没有非法占有的主观故意，也没有虚构事实或者隐瞒真相的行为，股票转让合同是各方当事人的真实意思表示，不违反国家有关法律规定，公诉机关混淆了在刑民交叉案件中刑事法律关系和民事法律关系的本质区别。因此被告人欧某华不构成合同诈骗罪。主要辩护观点如下：

被告人欧某华的涉案行为依法不构成合同诈骗罪，公诉机关的定性明显错误。被告人欧某华在本案中没有非法占有被害人江某华的财产的主观故意，股票转让合同是各方当事人的真实意思表示，不违反国家有关法律规定。本案中被告人欧某华没有虚构事实或者隐瞒真相的行为，股票是至今客观存在的事实，至今股票没有过户的原因是约定的条件没有成就，同时案外人和被害人已经通过民事诉讼解决了纠纷。

本案中被告人欧某华与被害人江某华、案外人方某之间存在的是合法的有法律保障的民事法律关系，已经通过民事诉讼程序解决了纠纷，至今被告人仍然在不断履行生效民事判决中，公诉机关混淆了在刑民交叉案件中刑事法律关系和民事法律关系的本质区别。

第三部分：关于被告人欧某华涉案行为是否构成骗取贷款罪的问题

辩护人认为虽然被告单位（RF公司）的辩护人和各公司负责与银行联系的被告人（贷款专员）都在庭审中主动认罪，但是被告人欧某华作为该RF公司贷款合同的担保人，提供了当时足额的财产担保，也没有参与具体的申请贷款的工作，没有欺骗银行的行为，没有使用贷款，贷款形成不良资产的原因与被告人无关，因此被告人欧某华应当无罪。

三 判决结果及理由

1. 某某省高级人民法院刑事裁定书（2016）刑终××××、××××号，裁定撤销原判，发回重审。

2. 某某市中级人民法院重审一审刑事判决书（2017）粤××××刑初××、××号判决 HL 集团及各子公司无罪。被告人欧某华的虚开增值税专用发票罪和合同诈骗罪不成立。被告人欧某华犯骗取贷款罪，判处有期徒刑四年（第二判项）（基本上是按其被羁押期间量刑，俗称实报实销）。

在二审和重审阶段，我们都紧紧抓住在案证据证明被告单位之间确实存在真实交易，涉及财务、会计问题司法机关没有委托司法鉴定机构作出会计司法鉴定意见，在案言词证据相互矛盾重重且没有向各被告单位的任何负责购销业务人员调查取证，以及税务机关确认各被告单位并无偷逃增值税应当无罪这四个核心问题，充分论证起诉书指控的关键事实不清楚、证据不足、不能排除合理怀疑，因此应当宣告被告单位和被告人无罪。

在重审阶段，我们通过申请召开庭前会议、申请相关证人出庭作证、申请委托进行会计司法鉴定、申请调取相关证据材料，在庭审中分工合作，充分质证，并且通过庭前递交书面辩护意见、庭审发表辩护词和庭后补充辩护意见、一个罪名递交一份辩护词等各种辩护方法，与合议庭充分沟通，争取法官认真听取和理解辩护人的辩护意见，取得良好辩护效果。

本案各被告单位包括一个大型民营石化企业集团及四个下属

民营企业，每年营业额几十亿元，纳税额数亿元，被告人是当地的著名民营企业家。在2018年11月全国民营企业座谈会上，习近平总书记发表要求充分保护民营企业和民营企业家合法权益的讲话后，最高人民法院和最高人民检察院分别作出了相关司法指导意见，辩护人结合司法意见和本案实际情况，马上补充辩护意见，并且形成紧急情况反映，分别向合议庭和法院有关领导补充辩护，反映情况，终于得到合议庭的重视，取得了理想的判决结果。

四 办案体会

我们认为对于重大疑难经济刑事案件，应当通过充分会见当事人，全面了解案件情况，认真阅卷核实案件证据材料，在充分防范执业风险的前提下调查取证，细致研判，充分论证，展开辩护工作。我们不仅要整体分析案情，也要细致寻找案件的辩点，根据具体的案情，找到主要问题作为核心辩点进行充分辩护，其他辩点作为辅助辩点补充辩护，可以达到很好的辩护效果。

在刑事案件中，正如本案中的辩护过程，我们通过申请二审开庭审理、申请召开庭前会议、申请非法证据排除、申请证人出庭作证、申请调取证据、申请司法鉴定、在庭审中充分质证、对重大疑难案件充分进行法律论证、及时收集运用新的司法指导意见和指导判例补充辩护意见等，穷尽各种合法辩护方法，进行持续不断的、立体式的辩护，有利于辩护工作的推动，能够取得很好的辩护效果，真正实现有效辩护的要求。

由于本案的被告单位和被告人众多，被告人欧某华又涉及三个不同的罪名，我们律师团队代理其中五个被告单位或者被告人，因此辩护人针对不同的阶段、不同的罪名，在庭前、庭审和庭后，各自向法院提供了多份辩护词、补充辩护意见。

辩护人要善于运用新的司法指导意见，或者相关生效判例，补充完善辩护意见，及时辩护，辩护效果肯定会更加理想。

行政法律篇

AY公司诉某某知识产权局商标复审行政纠纷二审案

撰稿人：贺文华、陈文婷①

一 | 基本案情

（一）当事人和代理人基本情况

上诉人：AY公司

委托代理人：贺文华，广东金桥百信律师事务所律师

陈文婷，广东金桥百信律师事务所律师

被上诉人：某某知识产权局

（二）案件基本情况

AY公司战略性决定在资本投资、金融评估、金融服务等行业布局，在第36类相关服务上向某某知识产权局申请注册"AY"商标，申请号为"2071××××"，商标局认为该商标与BS公司在类似服务项已注册的第334××××号"五星AY"商标近似，驳回AY公司在资本投资、金融评估、金融服务等服务项上使用"AY"

---

① 贺文华，广东金桥百信律师事务所合伙人；陈文婷，广东金桥百信律师事务所原律师。

商标的注册申请，AY公司向商标评审委员会提起驳回复审，商标评审委员会经过复审，作出了申请商标在复审服务上的注册申请予以驳回的决定，AY公司遂向某某知识产权法院提起行政诉讼，但是某某知识产权法院还是驳回了AY公司的诉讼请求，维持商标评审委员会的驳回复审决定，本案进入二审程序。

（三）争议焦点

诉争商标是否违反《商标法》第三十条"申请注册的商标，凡不符合本法有关规定或者同他人在同一种商品或者类似商品上已经注册的或者初步审定的商标相同或者近似的，由商标局驳回申请，不予公告"的规定。

二 各方意见

上诉人AY公司认为：（一）诉争商标"AY"与第334××××号引证商标"五星AY"不构成使用在类似服务上的近似商标。其一，从整体上来看，诉争商标"AY"与引证商标"五星AY"，存在明显区别；其二，AY公司的第194××××号"AY及图"商标早已成为驰名商标以及第623××××号"AY"商标为某某省著名商标，此外，AY公司是国内知名企业，其字号为"AY"，能够与上诉人一一对应起来，其区分商品或服务来源的功能得以增强，能够进一步与"五星AY"区别开来，不会导致消费者混淆。

（二）引证商标"五星AY"已经因三年不使用被商标局撤销，尽管目前处于撤三复审程序中，但引证商标是否合法有效处于效力待定，本案的审理应当中止。

被上诉人某某知识产权局认为：申请商标"AY"完整地包含于引证商标"五星AY"之中，在汉字构成、呼叫上相近，已构成近似标识，两商标共同使用在同一种或类似服务上，易使消费者对服务来源产生混淆，诉争商标与引证商标构成使用在相同或类似服务上的近似商标，违反了《商标法》第三十条的规定。

三 审理结果及理由

某某市高级人民法院判决：一、撤销某某知识产权法院（2018）某××行初××××号行政判决书；二、撤销原某某工商行政管理总局商标评审委员会作出的商评字［2018］第××××号《关于第2071××××号"AY"商标驳回复审决定书》；三、某某知识产权局就AY公司针对第2071××××号"AY"商标提出的驳回复审申请重新作出决定。

某某市高级人民法院认为：商标法第三十条规定，申请注册的商标，凡不符合本法有关规定或者同他人在同一种商品或者类似商品上已经注册的或者初步审定的商标相同或者近似的，由商标局驳回申请，不予公告。《最高人民法院关于审理商标授权确权行政案件若干问题的规定》第二十八条规定，人民法院审理商标授权确权行政案件的过程中，商标评审委员会对诉争商标予以驳回、不予核准注册或者予以无效宣告的事由不复存在的，人民法院可以依据新的事实撤销商标评审委员会相关裁决，并判令其根据变更后的事实重新作出裁决。本案中，原审法院和商标评审委员会认定诉争商标与引证商标构成使用在类似服务上的近似商标虽无不当。但是，在二审诉讼期间，引证商标在全部核定使用服务上被撤销注册，专用权终止。该事实导致诉争商标是否应予初步审定的权利障碍发生根本性变化，即诉争商标在指定的复审服务上的在先权利障碍已经消失。故本院对被诉决定及原审判决的结论予以纠正。商标评审委员会应当在已经发生变化的事实基础上重新作出复审决定。

四 办案体会

诉争商标是否能够予以核准，引证商标的合法有效状态是关键因素，如果引证商标最终因三年不使用被撤销，诉争商标就能够予以核准，但是在本案一审程序中，引证商标虽然被撤销，但BS公司提出了复审，一审法院并没有因引证商标被撤销而认为诉争商标可以核准注册，也没有因为引证商标的状态处于效力待定而中止本案审理。这与商标侵权诉讼的程序有些不同，在商标侵权诉讼程序中，如果权利商标被撤销但尚未公告，法院往往会作出驳回起诉的裁定。但在商标确权案件中，法院往往注重的是引证商标的法律状态，如果引证商标即使被撤销，但尚未公告的情况下，法院仍然会认为引证商标为有效商标，而且不会因为引证商标的状态处于效力待定而中止案件的审理。这种情况下，作为代理律师，一方面，需要在程序上提出中止审理的请求；另一方面，积极与审理法官进行沟通，合理表达诉求，争取法官的理解，即使在不中止案件的情况下，也要尽可能地在审限范围内等待引证商标的被撤销状态的公告再作出判决。

图书在版编目（CIP）数据

逆转案例集:峰回路转/广东金桥百信律师事务所
编著.—北京:中国法制出版社，2023.11
　　ISBN 978-7-5216-3973-5

　　Ⅰ.①逆…　Ⅱ.①广…　Ⅲ.①法律－案例－汇编－中
国　Ⅳ.① D920.5

中国国家版本馆 CIP 数据核字（2023）第 223205 号

策划编辑:李　佳
责任编辑:刘冰清　　　　　　　　　　　　　　封面设计:李　宁

逆转案例集:峰回路转
NIZHUAN ANLIJI: FENGHUI-LUZHUAN

编著 / 广东金桥百信律师事务所
经销 / 新华书店
印刷 / 三河市紫恒印装有限公司
开本 / 710 毫米 ×1000 毫米　16　　　　　　印张 / 14.5　字数 / 156 千
版次 / 2023 年 11 月第 1 版　　　　　　　　2023 年 11 月第 1 次印刷

中国法制出版社出版
书号 ISBN 978-7-5216-3973-5　　　　　　　　　　　　定价: 60.00 元

北京市西城区西便门西里甲 16 号西便门办公区
邮政编码: 100053　　　　　　　　　　　　　传真: 010-63141600
网址: http://www.zgfzs.com　　　　　　　　编辑部电话: 010-63141837
市场营销部电话: 010-63141612　　　　　　印务部电话: 010-63141606
（如有印装质量问题，请与本社印务部联系。）